O o

O o

O O O

o o o

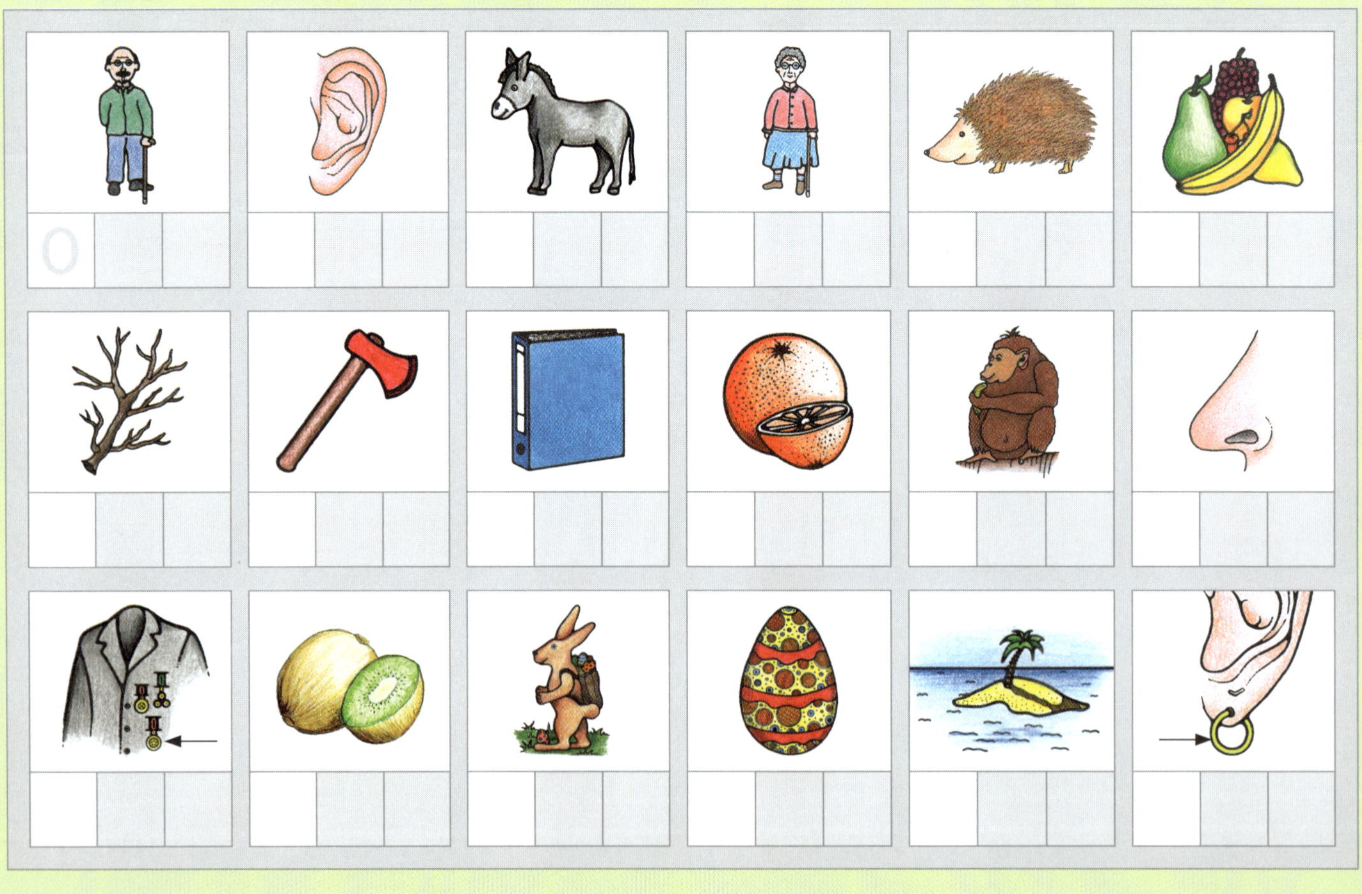

O o O o

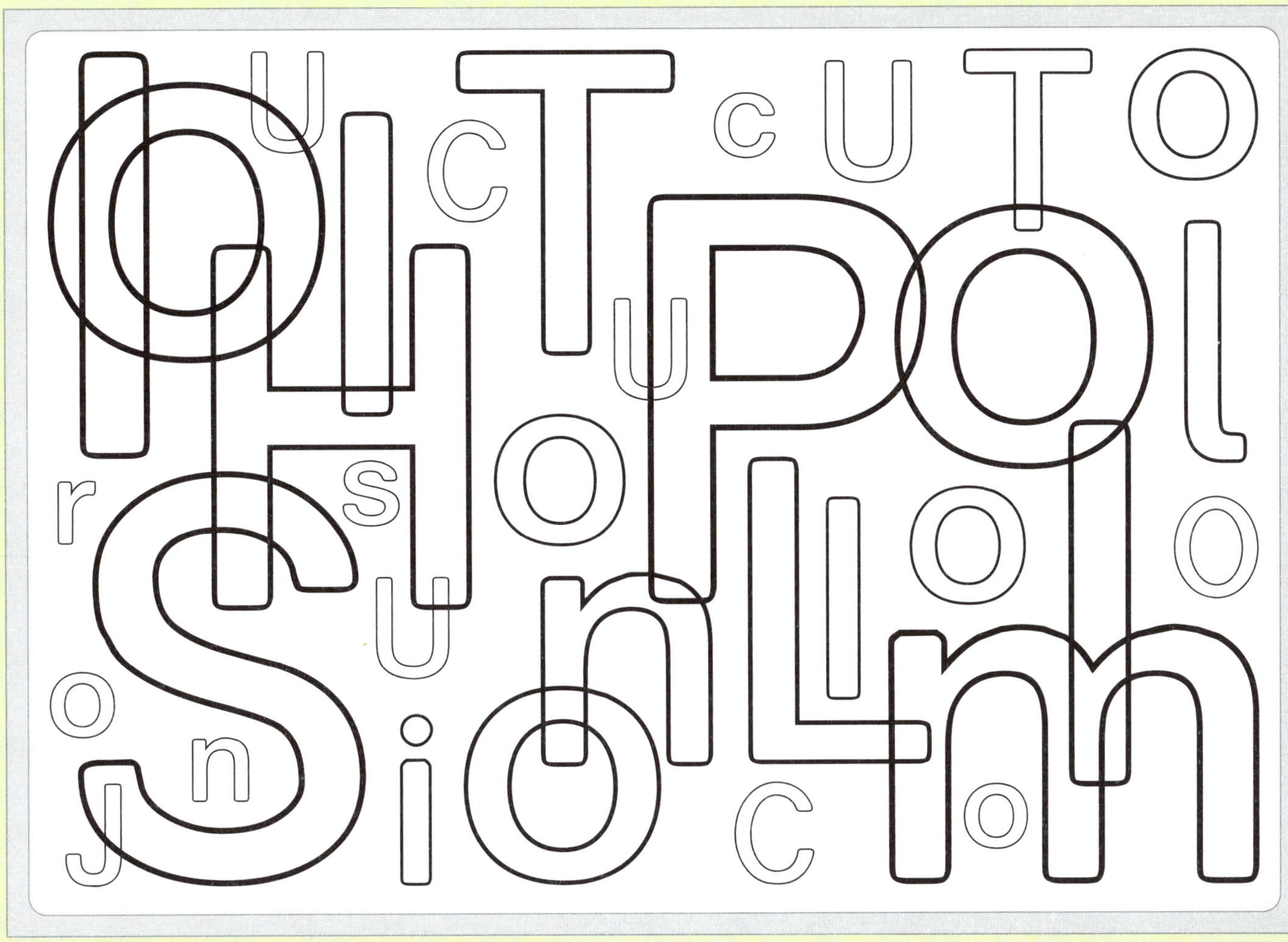

O O O

o o o

O o O o

O o O o

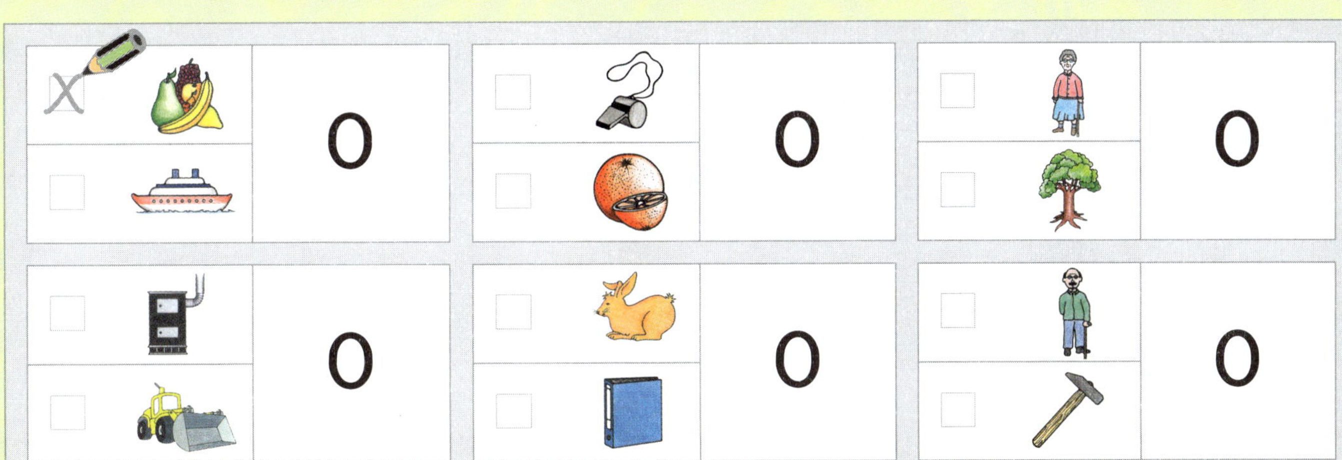

# M m

Mm

M M M

m m m

M

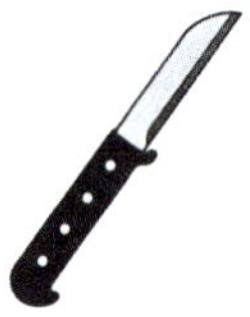

M m M m

M M M

m m m

M m M m

M m M m

| | | | | | | | |
|---|---|---|---|---|---|---|---|
| ☐ O | 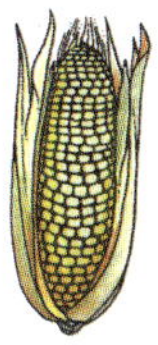 | ☐ O | 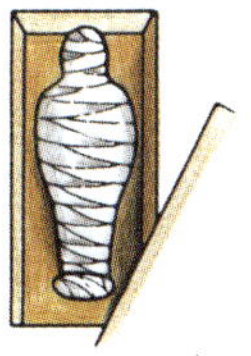 | ☐ O |  |
| X M | | ☐ M | | ☐ M | |
| ☐ O |  | ☐ o |  | ☐ O |  |
| ☐ M | | ☐ m | | ☐ M | |

E e

Ee

E E E

e e e

   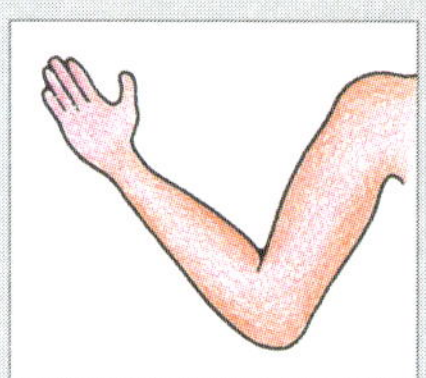  

E

Ee Ee

| | | | | | |
|---|---|---|---|---|---|
| ☐ E<br>☐ M |  | ☐ E<br>☐ M |  | ☐ E<br>☐ M |  |
| ☐ E<br>☐ O | 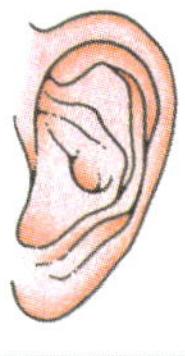 | ☐ E<br>☐ O |  | ☐ E<br>☐ O |  |

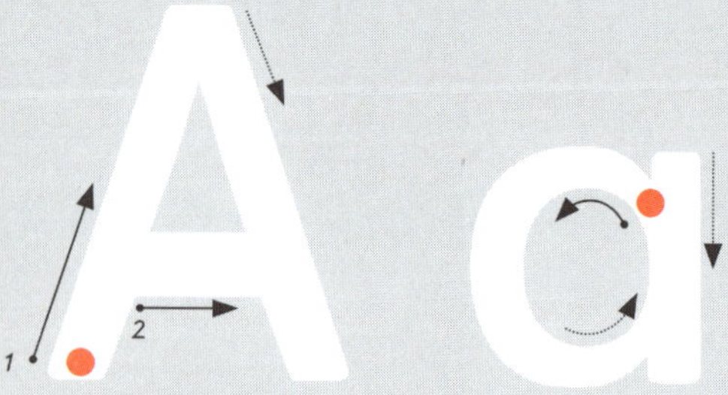


Aa

A A A

a a a

A

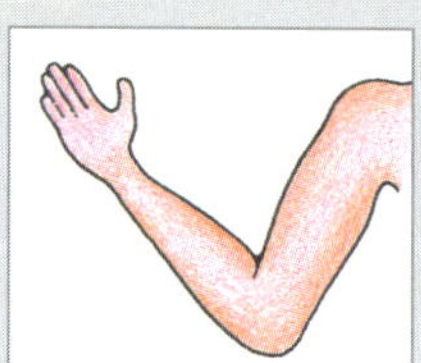

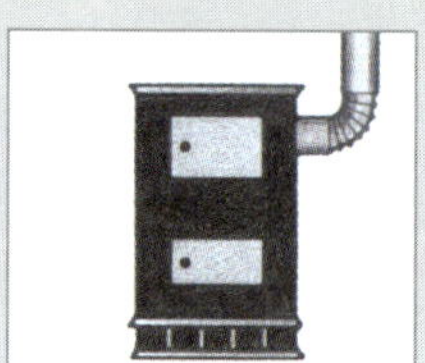

A a A a

Aa Aa

Aa Aa

 Oma Oma

 Mama Mama

| | | | | | |
|---|---|---|---|---|---|
| ☐ E<br>☐ A |  | ☐ Om<br>☐ Am |  | ☐ Ma<br>☐ Mo |  |
| ☐ A<br>☐ O |  | ☐ Ma<br>☐ Me |  | ☐ Me<br>☐ Ma |  |

L l

L l

L L L

l l l

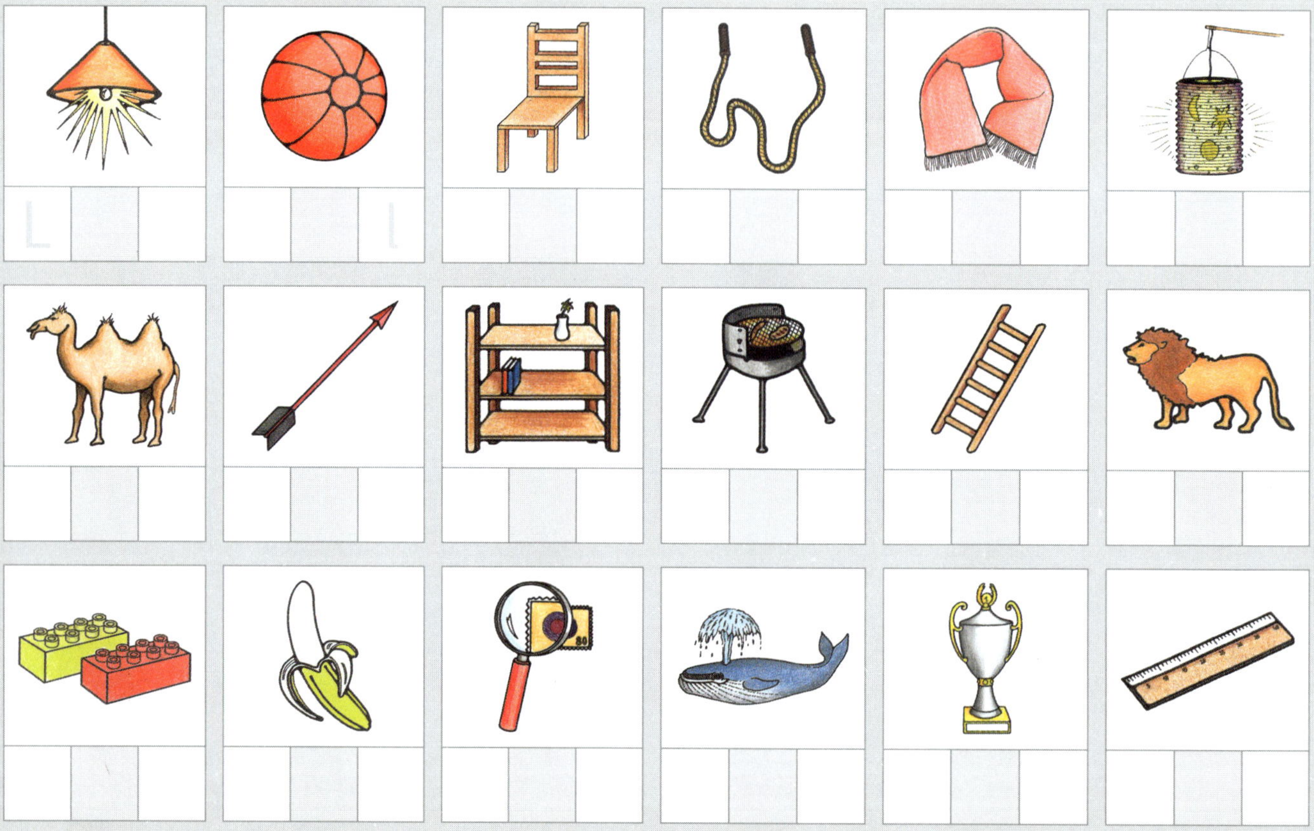

L l L l

Ll Ll

Ll Ll

 Lama Lama

 Lamm Lamm

| | | | | | | | |
|---|---|---|---|---|---|---|---|
| ☐ Lo |  | ☐ O |  | ☐ Lo |  |
| ☐ La | | ☐ E | | ☐ La | |
| ☐ La | 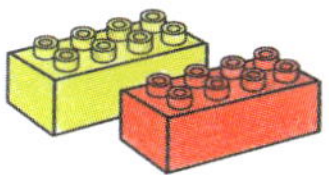 | ☐ Mal | 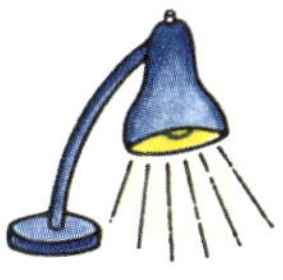 | ☐ La |  |
| ☐ Le | | ☐ Lam | | ☐ Le | |

S s

Ss

S S S

s s s

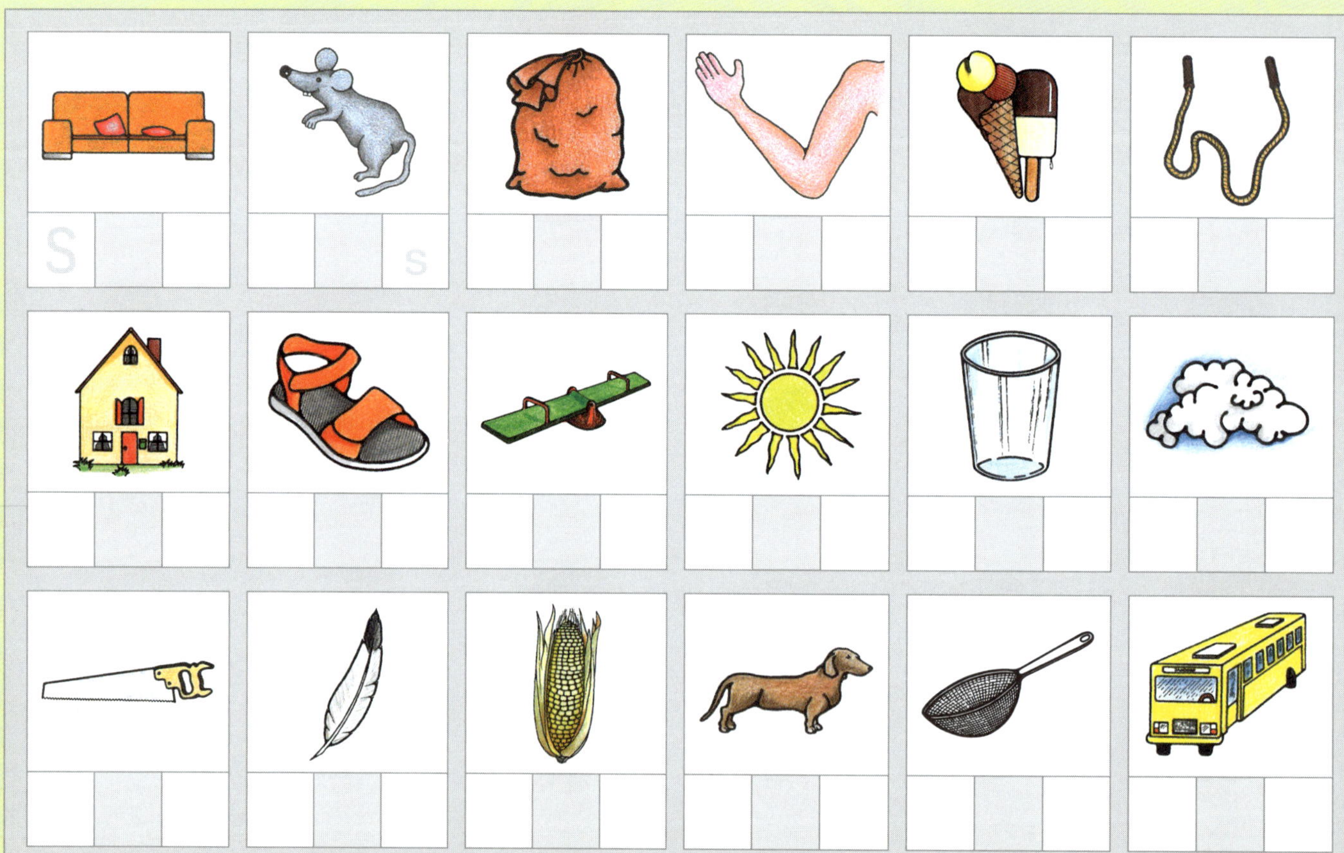


S s S s

Ss Ss

Ss Ss

 Esel Esel

 Sessel Sessel

| | | | | | |
|---|---|---|---|---|---|
| ☐ So<br>☐ Sa | 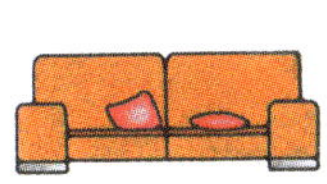 | ☐ Sa<br>☐ Se |  | ☐ Les<br>☐ Las |  |
| ☐ Se<br>☐ Sa | 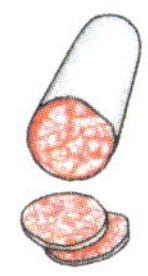 | ☐ Se<br>☐ So |  | ☐ Mos<br>☐ Mes |  |

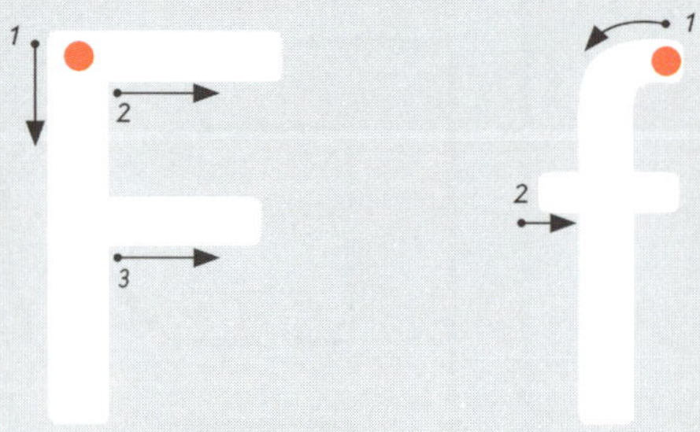


F f

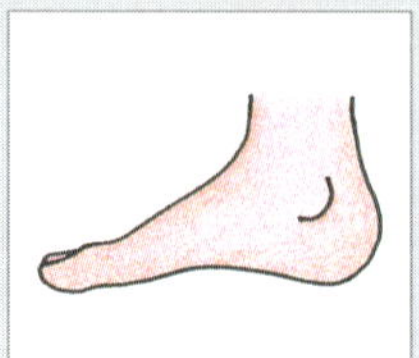

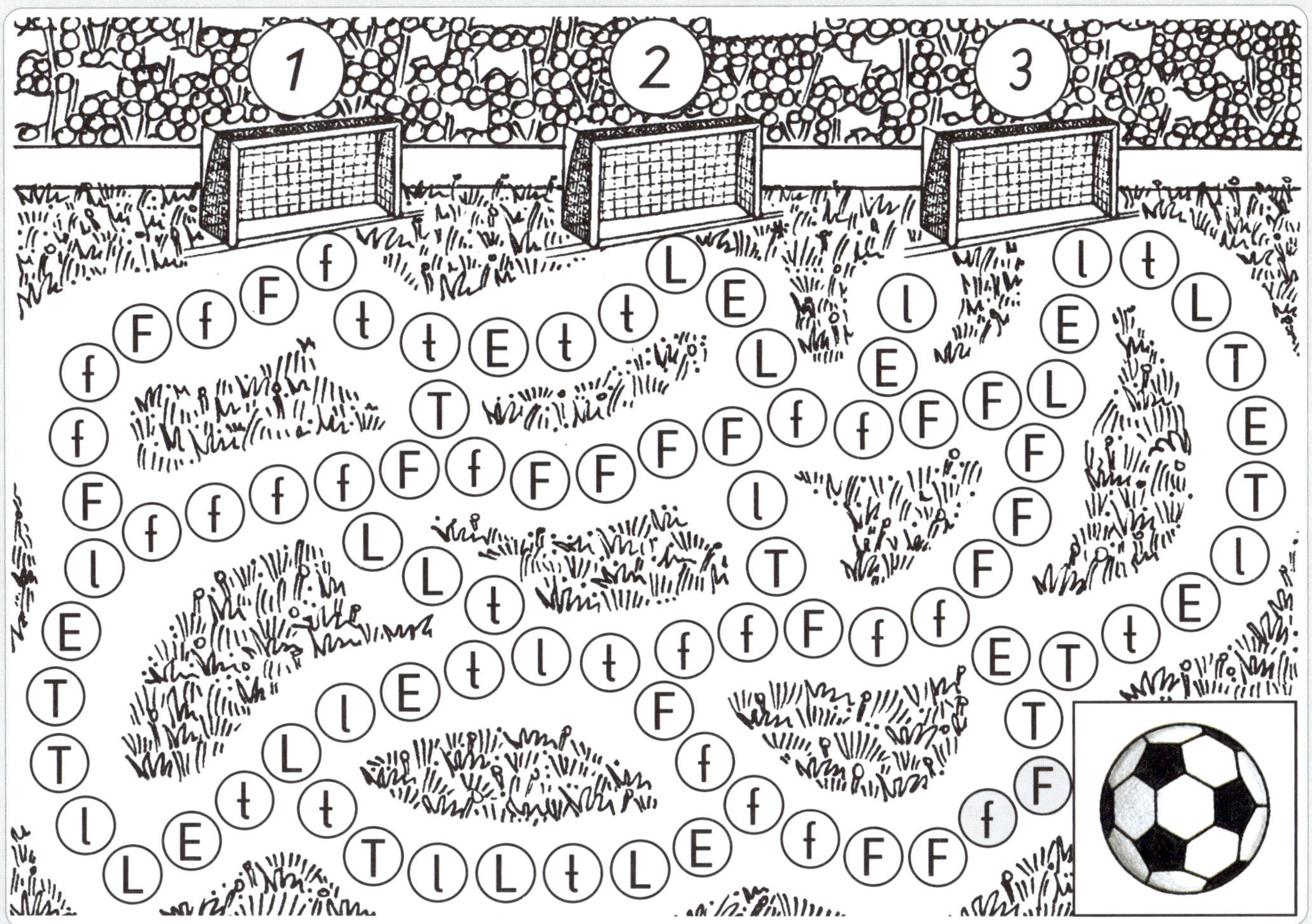


Ff Ff

 Fee Fee

 Affe Affe

 Fass Fass

 Sofa Sofa

| | |
|---|---|
| ☐ Fa<br>☐ Fe<br>☐ Fo |  |

| | |
|---|---|
| ☐ Fa<br>☐ Fe<br>☐ Fo | 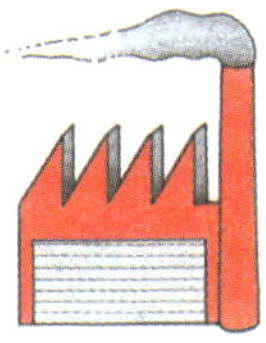 |

| | |
|---|---|
| ☐ Fel<br>☐ Fas<br>☐ Fla | 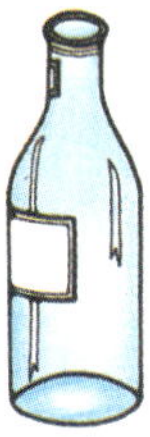 |

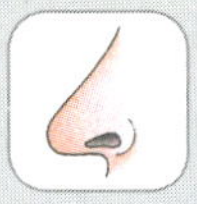

# N n

N n

N N N

n n n

Nn Nn

Nn Nn

 Nase Nase

 Ofen Ofen

 Mann Mann

 Sonne Sonne

| | | | | | | | |
|---|---|---|---|---|---|---|---|
| ☐ An |  | | ☐ No |  | | ☐ No | 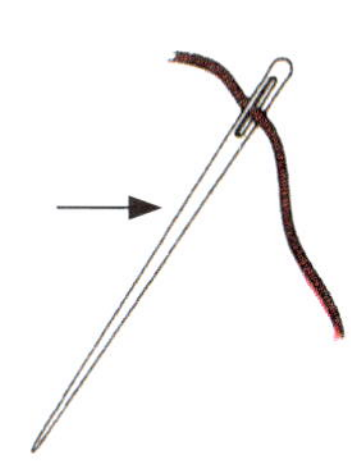 |
| ☐ En | | | ☐ Na | | | ☐ Ne | |
| ☐ On | | | ☐ Ne | | | ☐ Na | |

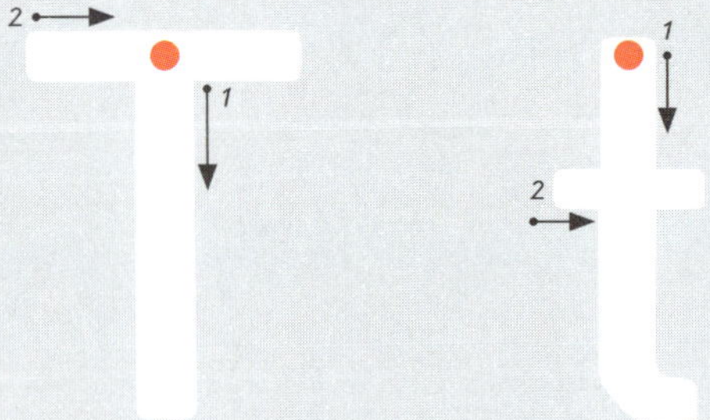


Tt

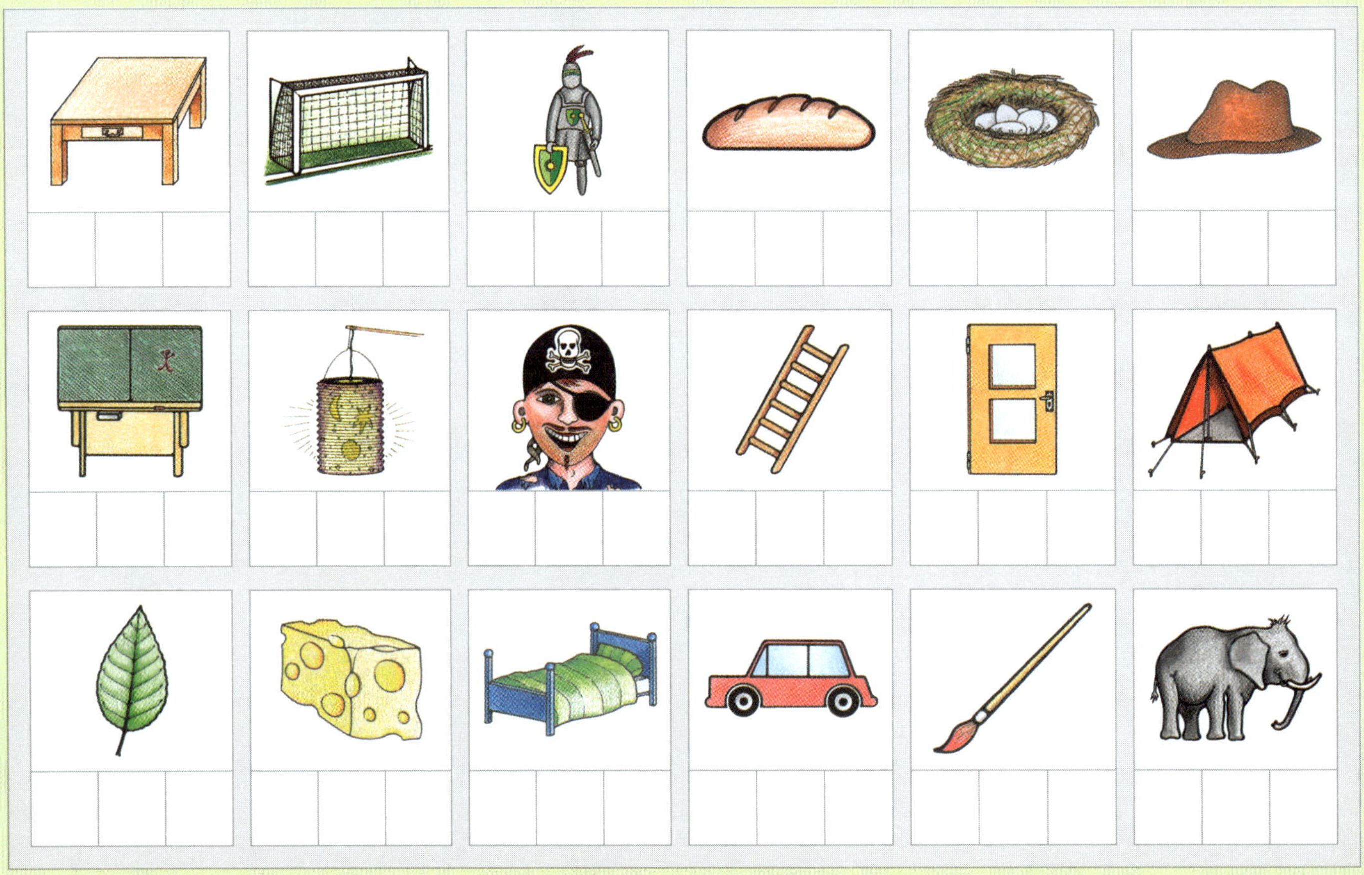

Tt Tt

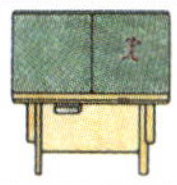 Tafel Tafel

 Tasse Tasse

 Ente Ente

 Foto Foto

| | | | | | |
|---|---|---|---|---|---|
| ☐ Ta |  | ☐ Ta |  | ☐ Ton |  |
| ☐ Te | | ☐ Te | | ☐ Tan | |
| ☐ To | | ☐ To | | ☐ Ten | |

2

1

R r

Rr

R R R

r r r

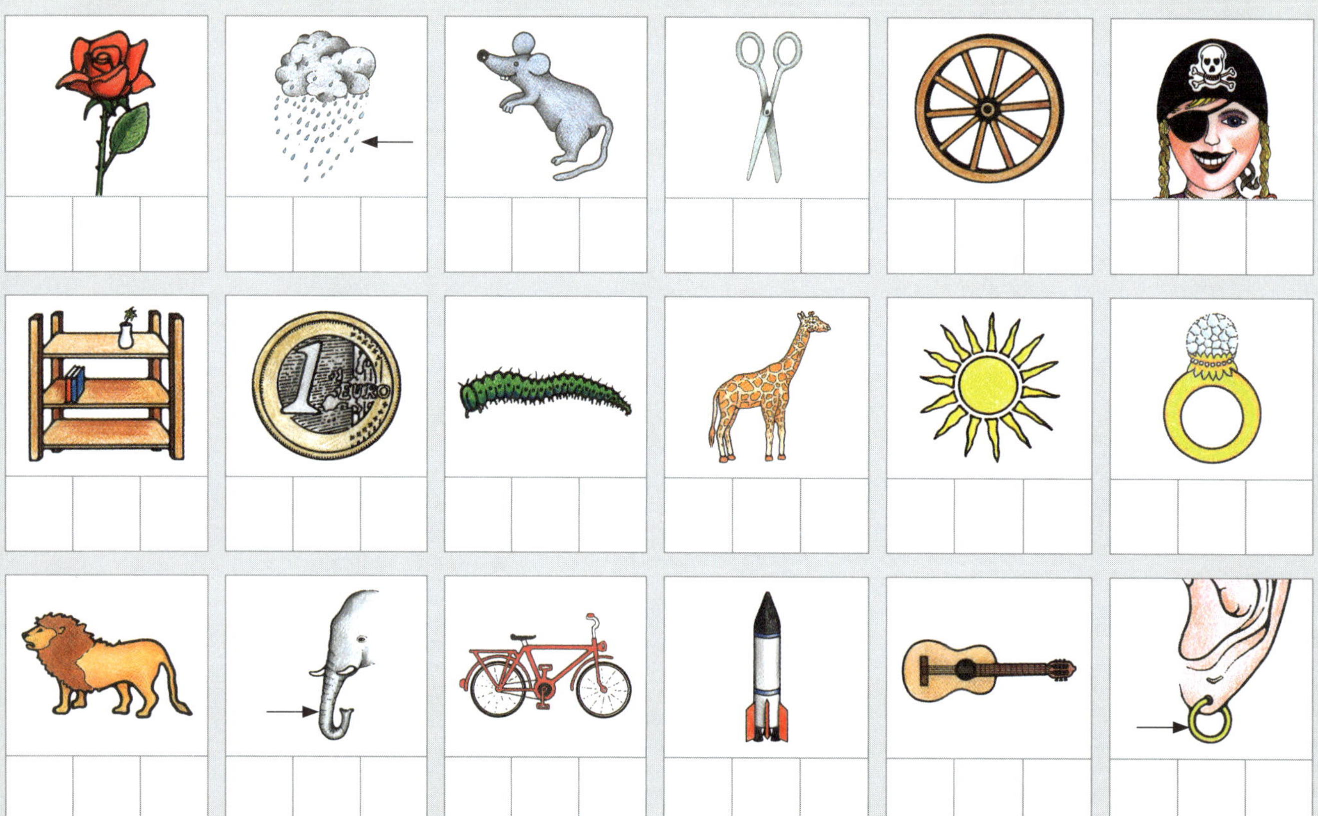

Rr Rr

Rr Rr

 Rose Rose

 Roller Roller

 Tor Tor

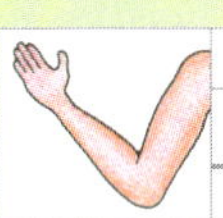 Arm Arm

| | | | | | |
|---|---|---|---|---|---|
| ☐ Ra |  | ☐ Ra |  | ☐ Ro |  |
| ☐ Re | | ☐ Re | | ☐ Re | |
| ☐ Ro | | ☐ Ro | | ☐ Ra | |

I i

Ii Ii

 Insel Insel

 Tinte Tinte

 Limo Limo

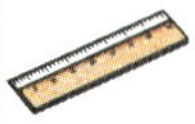 Lineal Lineal

| | | | | | |
|---|---|---|---|---|---|
| ☐ In |  | ☐ Me | 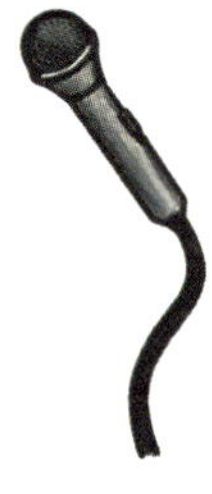 | ☐ To |  |
| ☐ Ir | | ☐ Ma | | ☐ Te | |
| ☐ Is | | ☐ Mi | | ☐ Ti | |

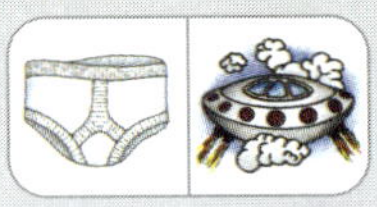

# U u

U u

U U U

u u u

U u U u

U u U u

 Ufo Ufo

 Unfall Unfall

 Nuss Nuss

 Fluss Fluss

| | | |
|---|---|---|
| ☐ Ur | | |
| ☐ Un | 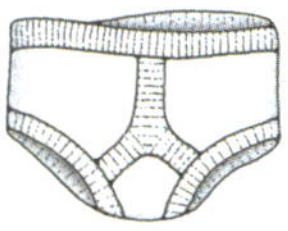 | |
| ☐ Um | | |

| | | |
|---|---|---|
| ☐ Tu | | |
| ☐ Ma |  | |
| ☐ Mu | | |

| | | |
|---|---|---|
| ☐ Um | | |
| ☐ Un | 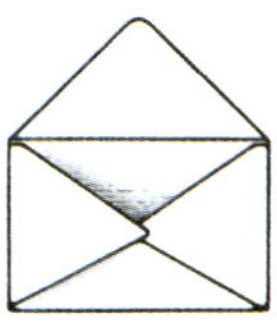 | |
| ☐ Ur | | |

K k

Kk

K K K

k k k

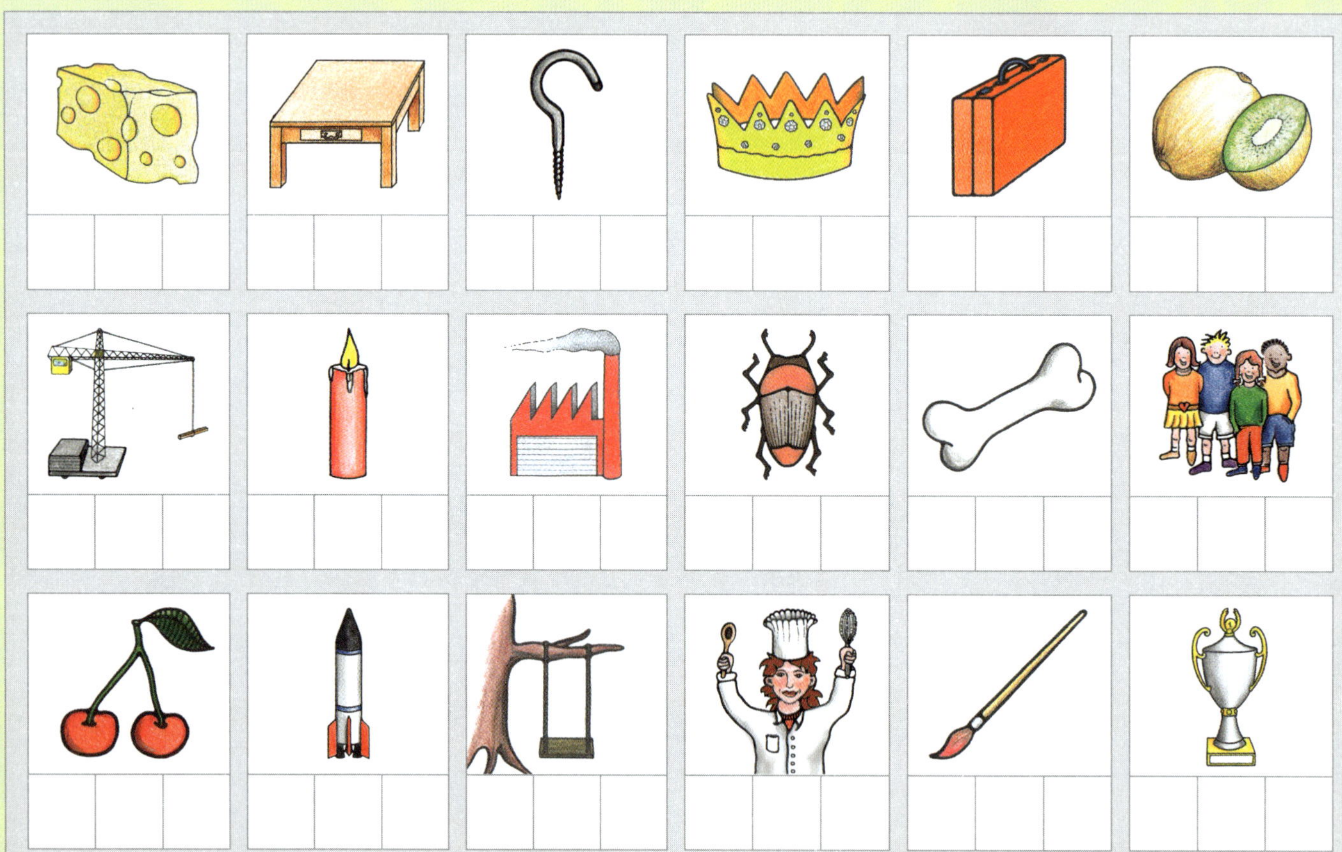

K k K k

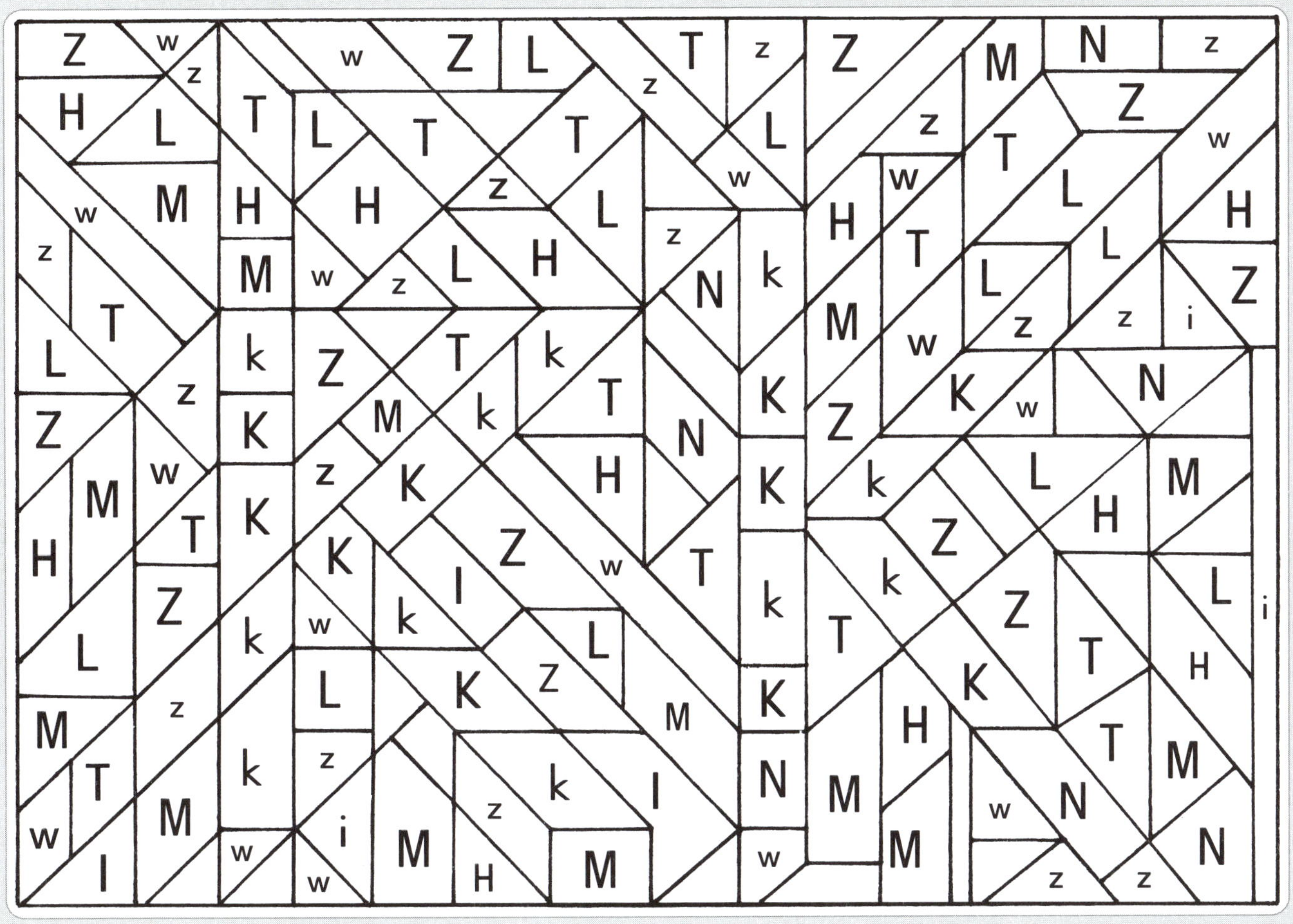

Kk Kk

 Kran Kran

 Kanu Kanu

 Keks Keks

 Krake Krake

| | |
|---|---|
| ☐ Ki<br>☐ Ke<br>☐ Ka |  |

| | |
|---|---|
| ☐ Kak<br>☐ Kis<br>☐ Ket |  |

| | |
|---|---|
| ☐ Kar<br>☐ Ket<br>☐ Kof |  |

# W w

Ww

W W W

w w w

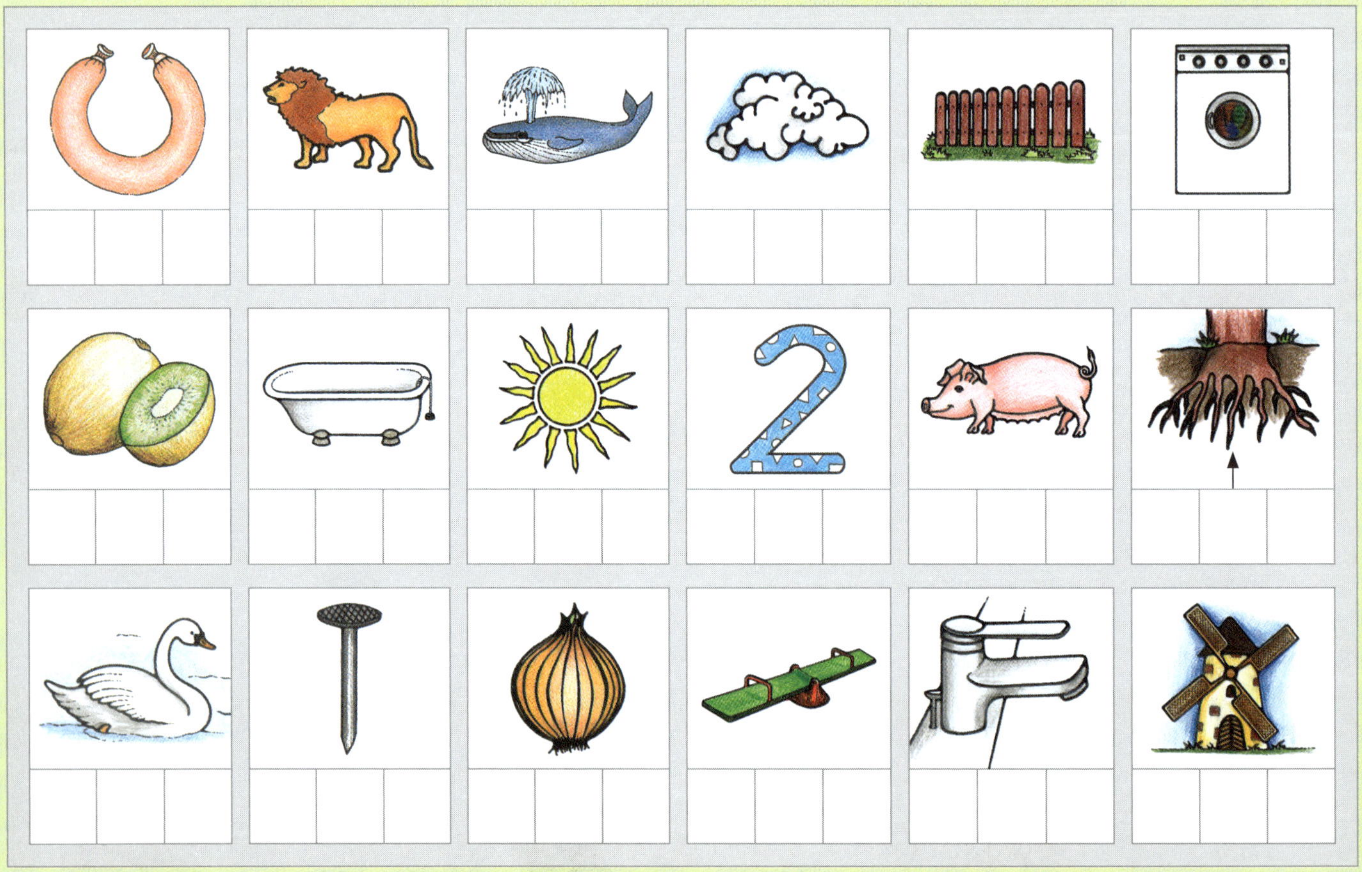

W w W w

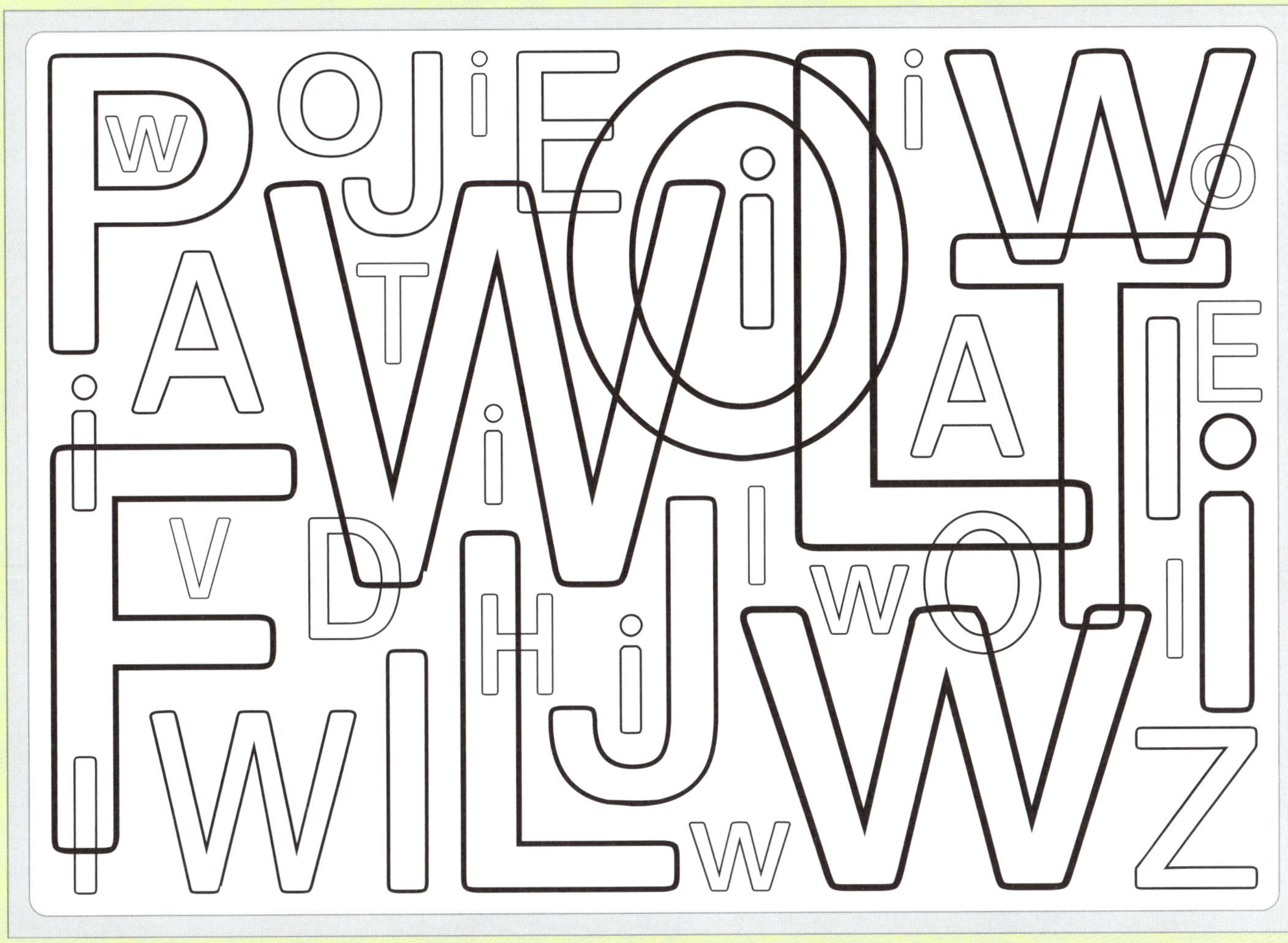

W w

 Wal

 Welle

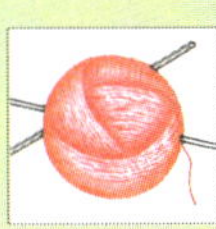 Wolle

 Wolke

| | |
|---|---|
| ☐ We<br>☐ Wi<br>☐ Wu |  |

| | |
|---|---|
| ☐ Wol<br>☐ Was<br>☐ Waf |  |

| | |
|---|---|
| ☐ Wol<br>☐ Was<br>☐ Wir | 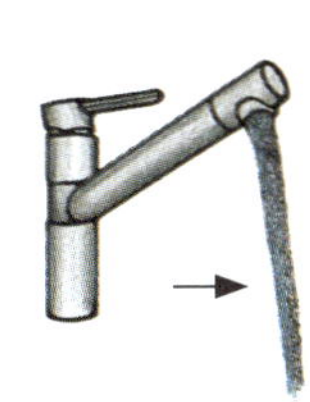 |

P p

Pp

     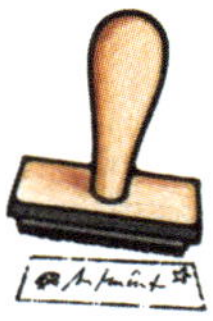

 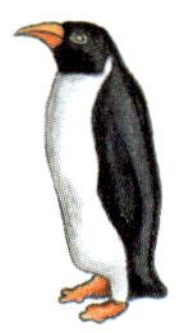    

Pp Pp

 Pirat Pirat

 Puppe Puppe

 Opa Opa

 Kappe Kappe

| | | | | | |
|---|---|---|---|---|---|
| ☐ Pa |  | ☐ Pa |  | ☐ Pin |  |
| ☐ Pi | | ☐ Pi | | ☐ Pan | |
| ☐ Po | | ☐ Po | | ☐ Pal | |

Hh

H h

H H H

h h h

H h H h

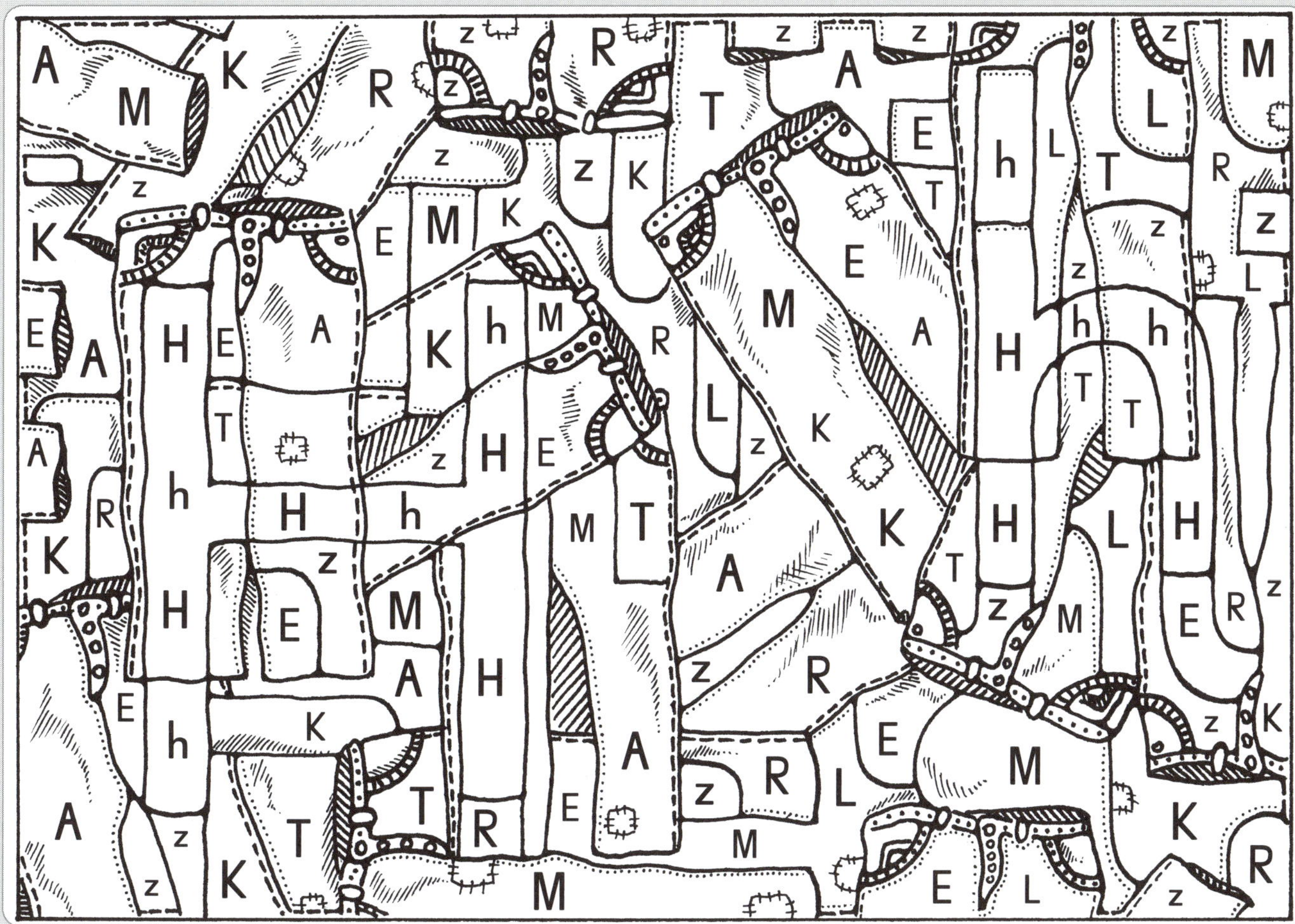

Hh Hh

 Hut Hut

 Heft Heft

 Hose Hose

 Nashorn Nashorn

| | | | | | |
|---|---|---|---|---|---|
| ☐ Ho |  | ☐ Hu |  | ☐ Hum | 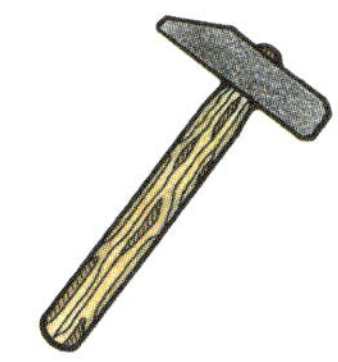 |
| ☐ Hu | | ☐ Ha | | ☐ Ham | |
| ☐ Ha | | ☐ Ho | | ☐ Him | |

# Ei

# ei

Ei ei

Ei Ei Ei

ei ei ei

Ei ei Ei ei

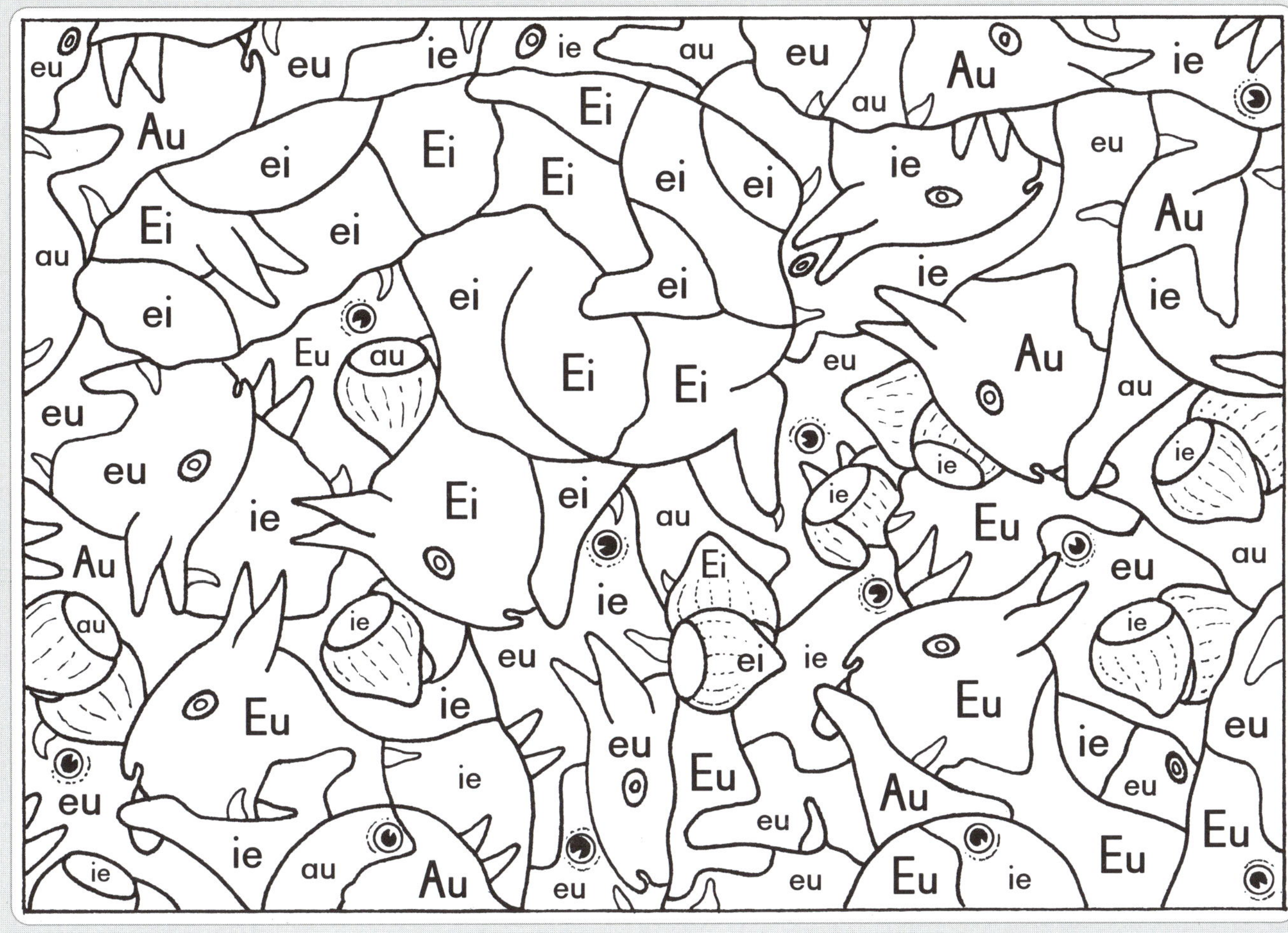


Ei ei Ei ei

 Eis Eis

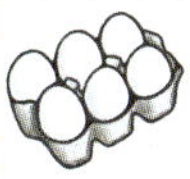 Eier Eier

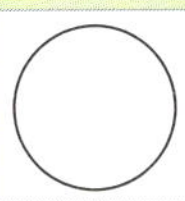 Kreis Kreis

Preis Preis

| | |
|---|---|
| ☐ Sei<br>☐ Rei<br>☐ Lei |  |

| | |
|---|---|
| ☐ Fei<br>☐ Rei<br>☐ Lei |  |

| | |
|---|---|
| ☐ Ein<br>☐ Eis<br>☐ Eil | 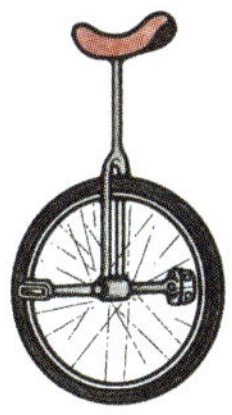 |

Dd

D D D

d d d

D d D d

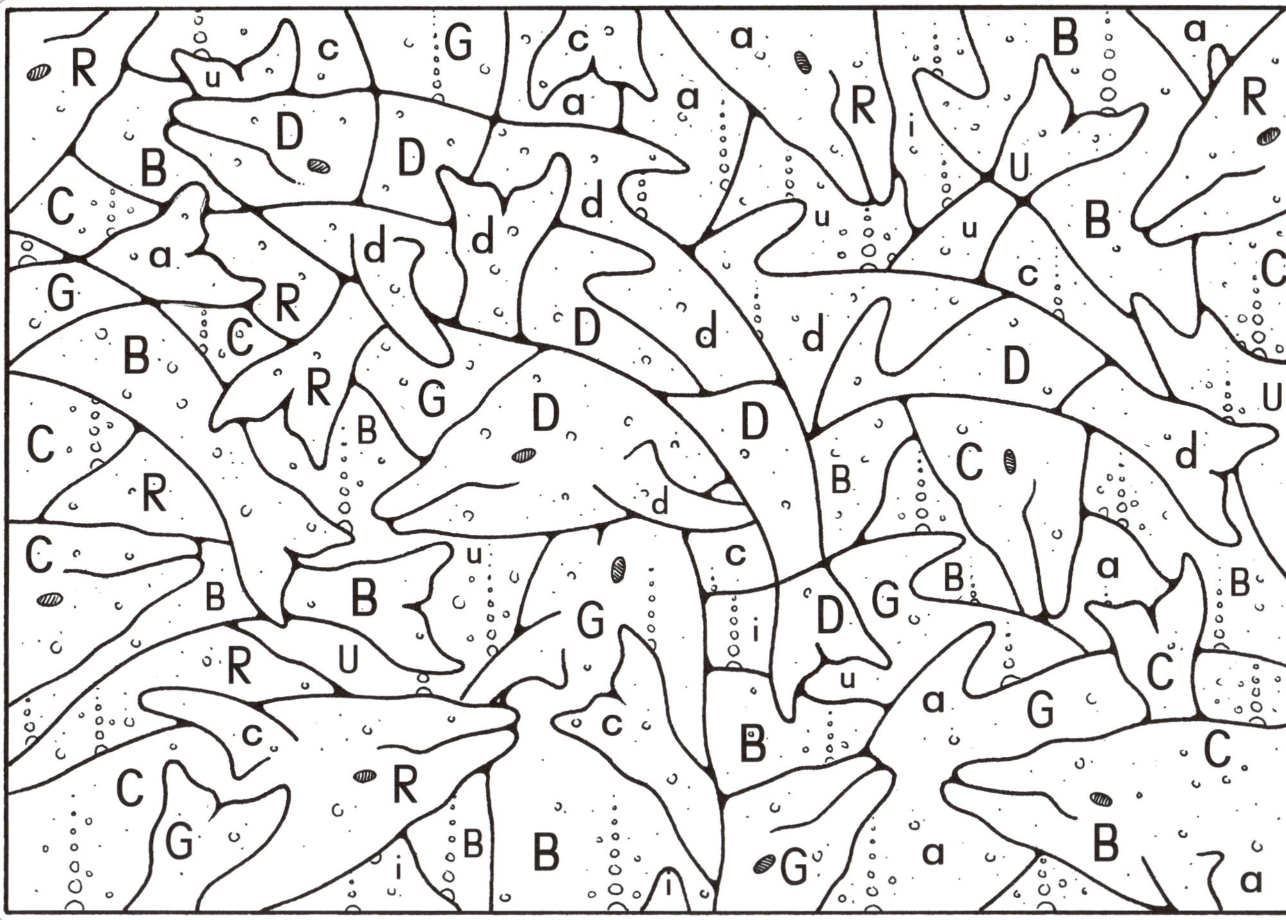

Dd Dd

 Dino Dino

 Dose Dose

 Erde Erde

 Kreide Kreide

| | | | | | |
|---|---|---|---|---|---|
| ☐ Di |  | ☐ Do | 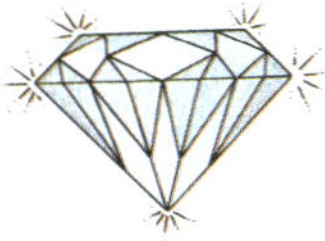 | ☐ Des |  |
| ☐ Du | | ☐ Di | | ☐ Del | |
| ☐ Do | | ☐ Du | | ☐ Def | |

# Ch

# ch

Ch ch

Ch Ch Ch

ch ch ch

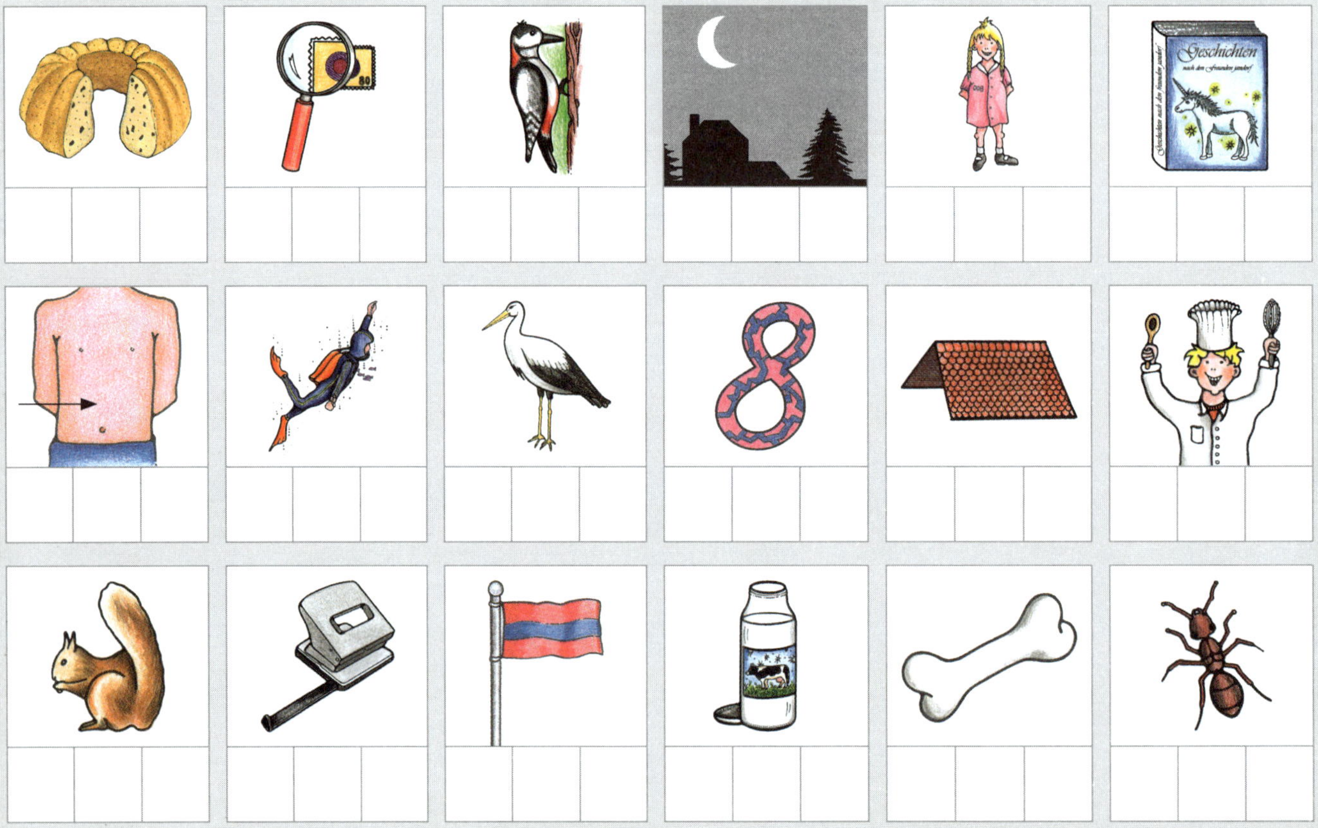


Ch ch Ch ch

Ch ch Ch ch

中国 China China

 Milch Milch

 Dach Dach

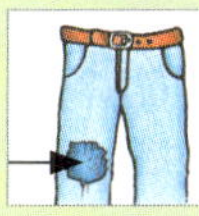 Loch Loch

| | |
|---|---|
| ☐ Elch |  |
| ☐ Dach | |
| ☐ Deich | |

| | |
|---|---|
| ☐ Fach |  |
| ☐ Milch | |
| ☐ Koch | |

| | |
|---|---|
| ☐ Loch | 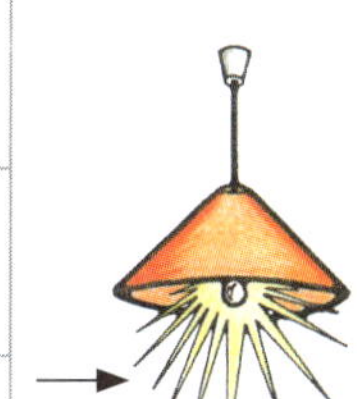 |
| ☐ Licht | |
| ☐ Lurch | |

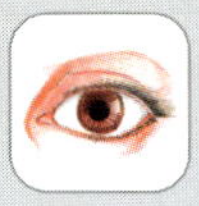

Au

au

Au au

Au Au Au

au au au

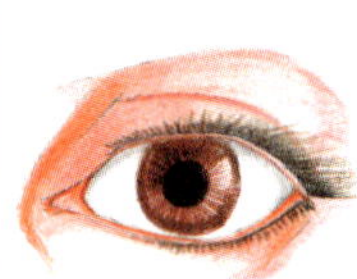

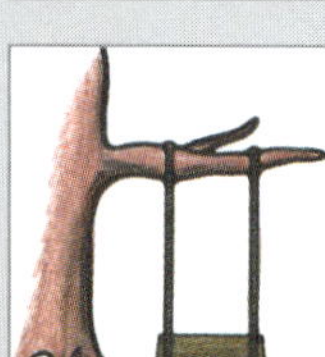

Au au Au au

Au au Au au

Sau Sau

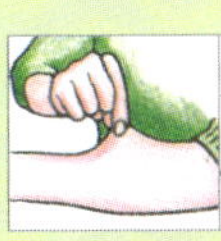
Haut Haut

Maul Maul

Raupe Raupe

| | |
|---|---|
| ☐ Sau |  |
| ☐ Haut | |
| ☐ Haus | |

| | |
|---|---|
| ☐ Aula |  |
| ☐ auf | |
| ☐ Auto | |

| | |
|---|---|
| ☐ Maus |  |
| ☐ Laus | |
| ☐ Maul | |

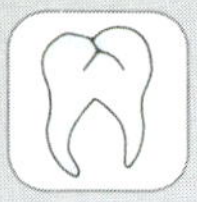

Z z

Zz

Z Z Z

z z z

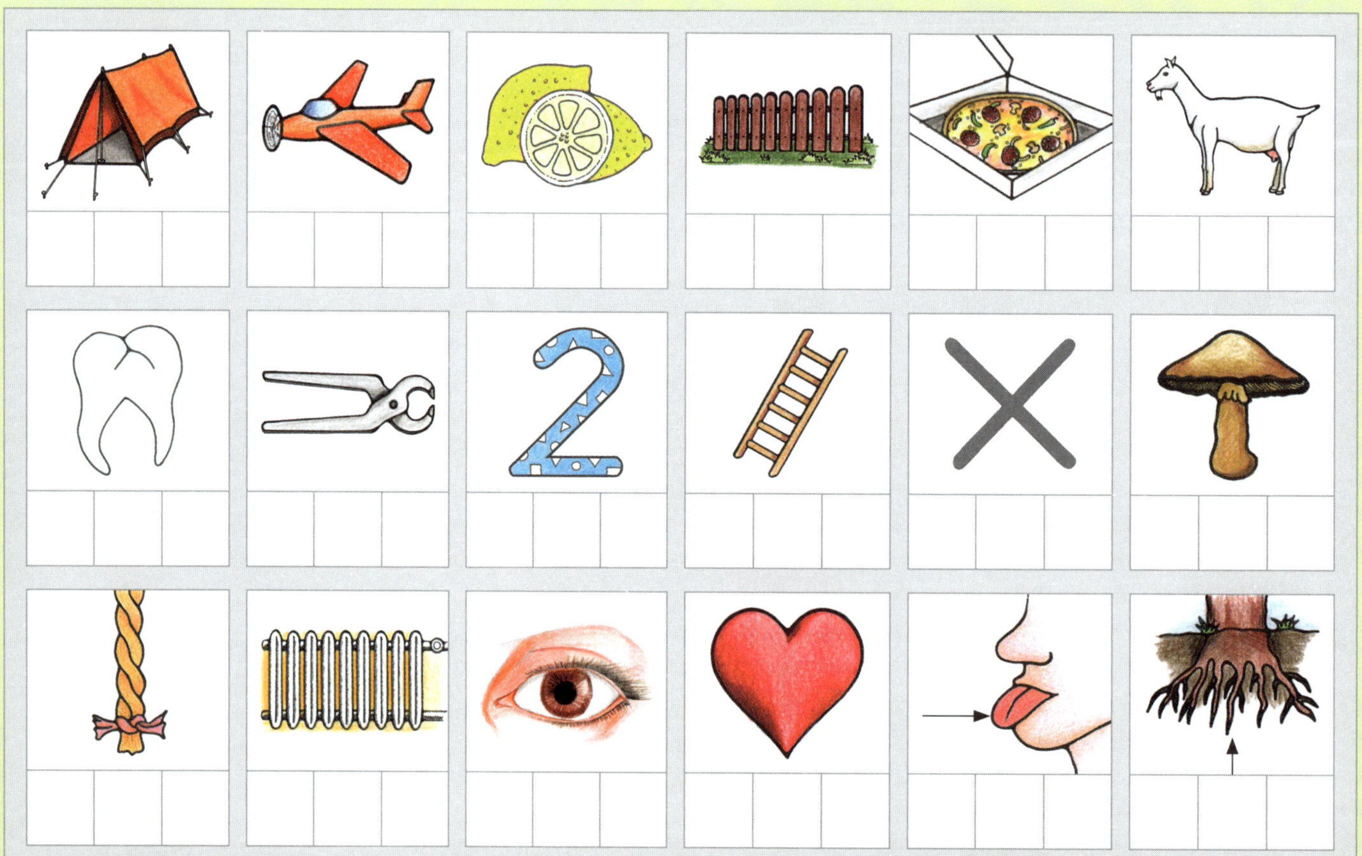

Z z Z z

Zz Zz

 Zelt Zelt

 Zaun Zaun

 Pilze Pilze

 Pizza Pizza

| | | | | | |
|---|---|---|---|---|---|
| ☐ Zoo | 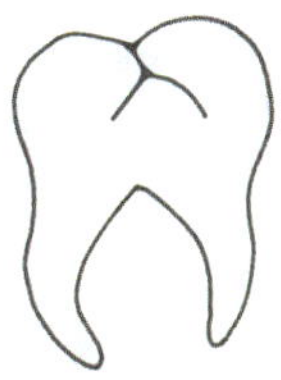 | ☐ Holz |  | ☐ Pilz | 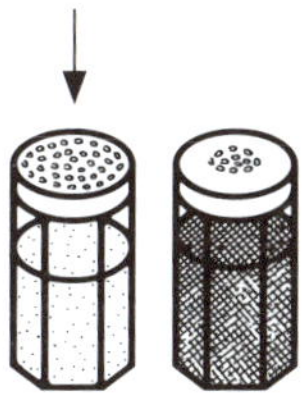 |
| ☐ Zahn | | ☐ Herz | | ☐ Pelz | |
| ☐ Zahl | | ☐ Heinz | | ☐ Salz | |

G g

G G G

g g g

G g G g

G g — G g

 Grill — Grill

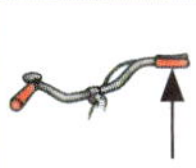 Griff — Griff

 Geige — Geige

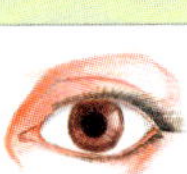 Auge — Auge

| | |
|---|---|
| ☐ Graf<br>☐ Grill<br>☐ Gras |  |

| | |
|---|---|
| ☐ Gans<br>☐ Glut<br>☐ Gips | 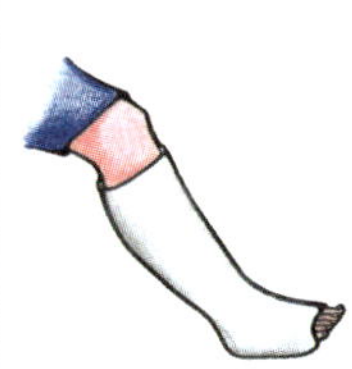 |

| | |
|---|---|
| ☐ Igel<br>☐ Iglu<br>☐ Insel |  |

Sch
sch

Sch sch

Sch Sch Sch

sch sch sch

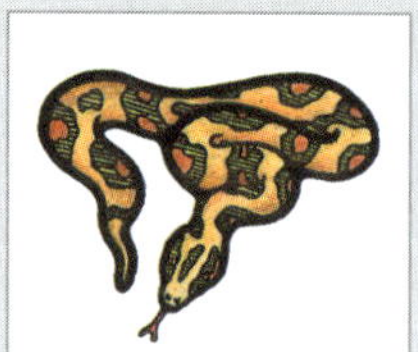
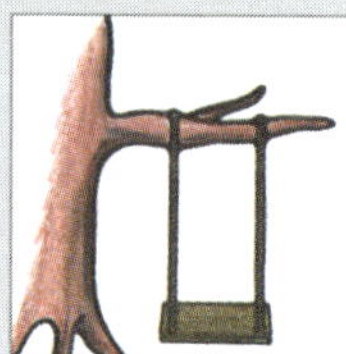

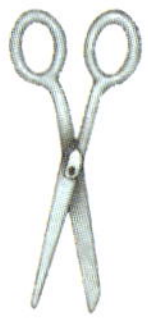

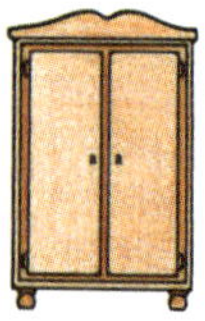

Sch sch Sch sch

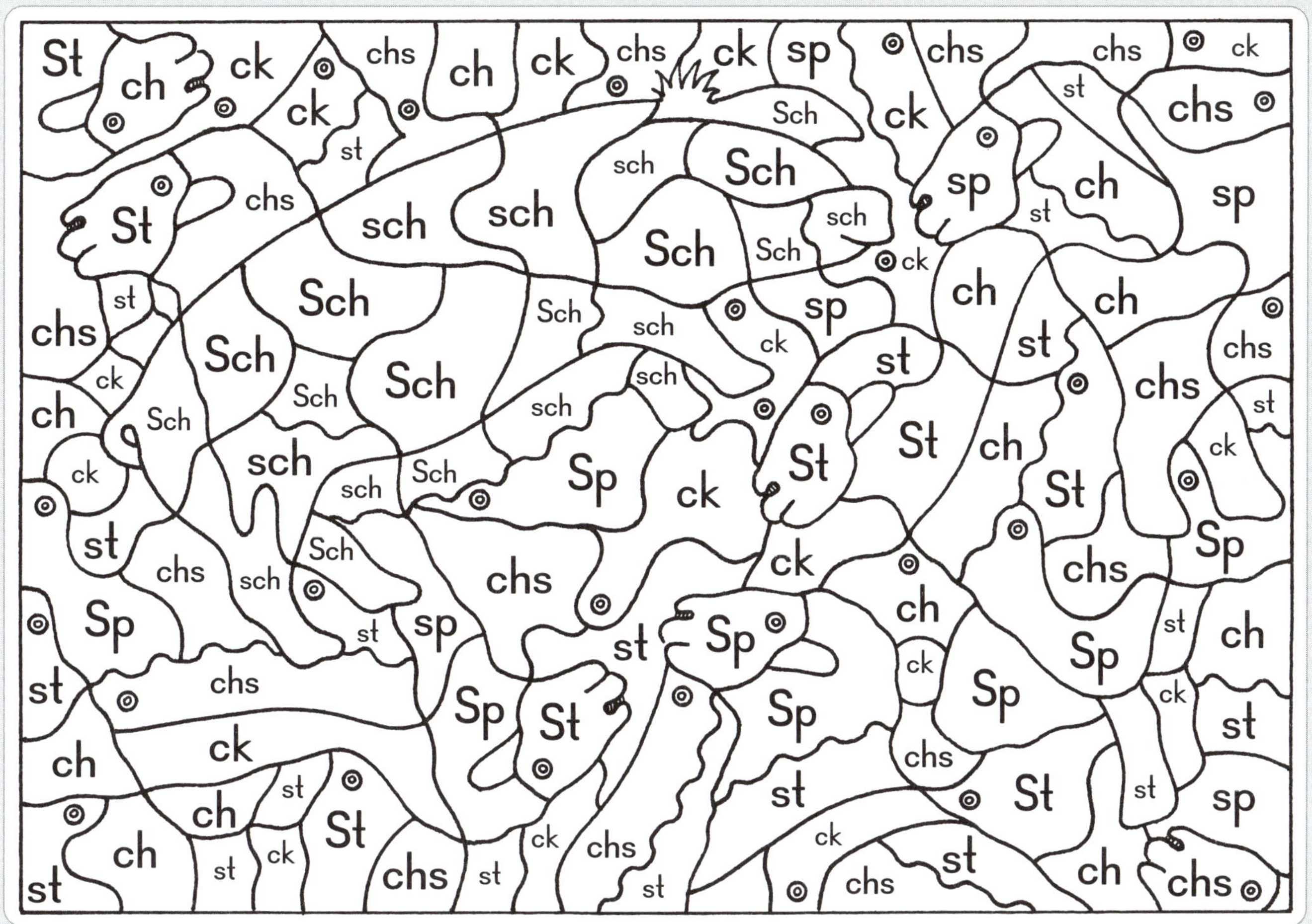


Sch sch Sch sch

Schaf Schaf

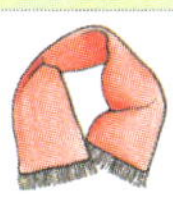

Schal Schal

Fisch Fisch

Tisch Tisch

| | | | | | |
|---|---|---|---|---|---|
| ☐ Schutt |  | ☐ Schuh |  | ☐ Asche |  |
| ☐ Schaf | | ☐ Schild | | ☐ Tusch | |
| ☐ Schiff | | ☐ Schal | | ☐ Hirsch | |

Bb

B B B

b b b

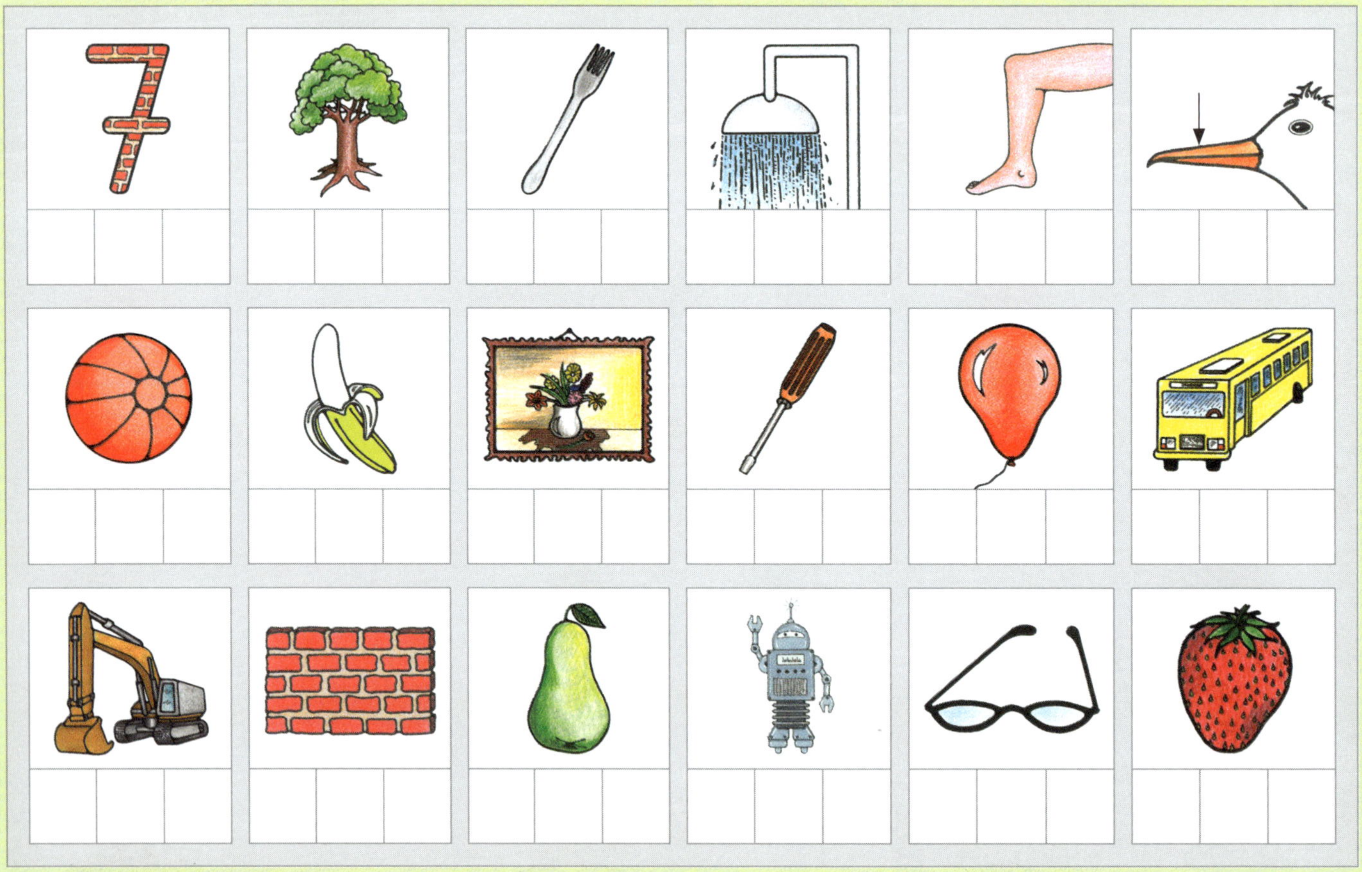

Bb Bb

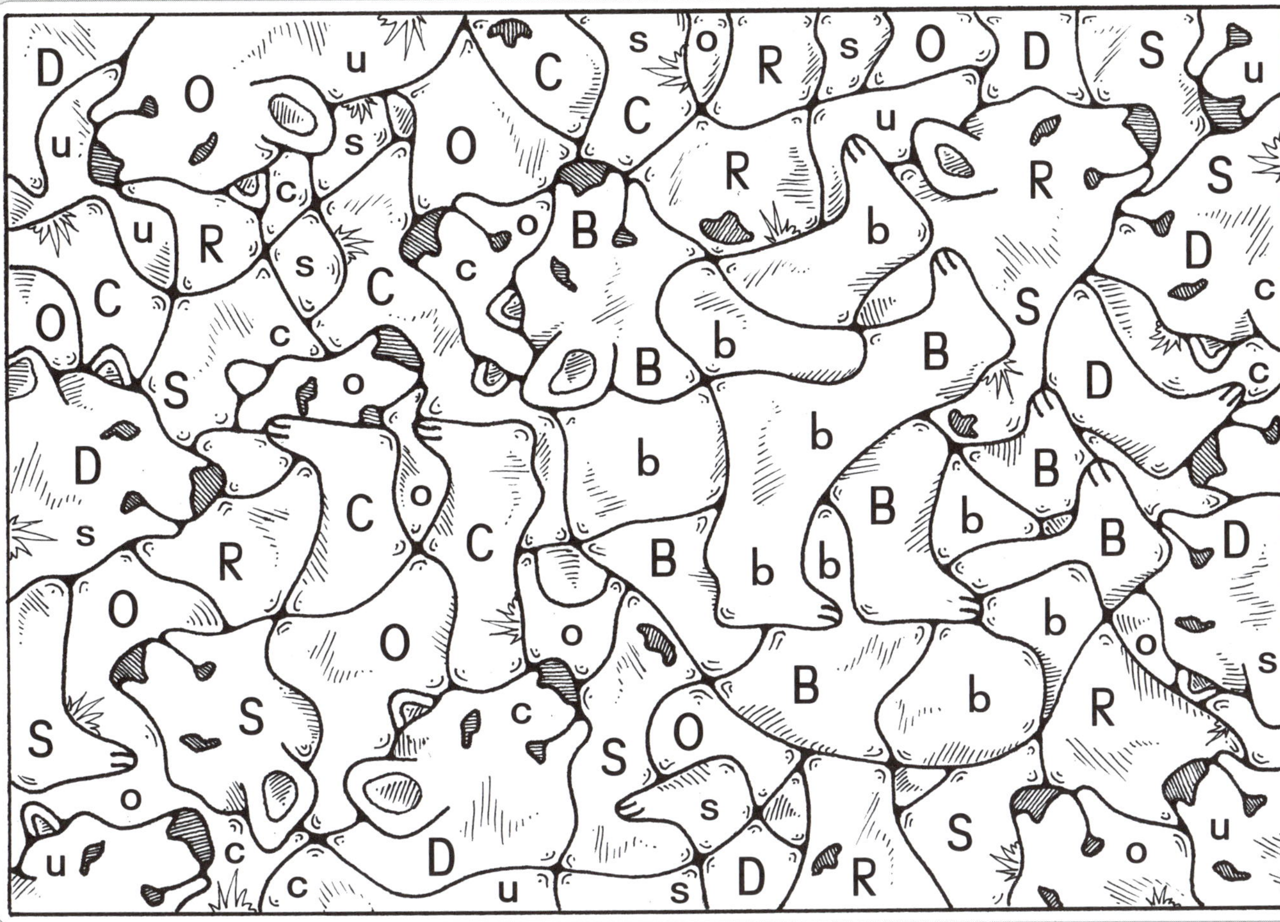

Bb Bb

 Ball Ball

 Brot Brot

 Rabe Rabe

 Taube Taube

| | | | | | |
|---|---|---|---|---|---|
| ☐ Ball |  | ☐ Blatt |  | ☐ Kalb |  |
| ☐ Baum | | ☐ Brett | | ☐ Kabel | |
| ☐ Bauch | | ☐ Brot | | ☐ Korb | |

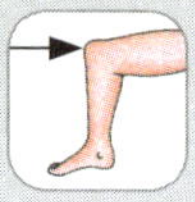

2
1
# ie

ie

ie ie ie

ie ie

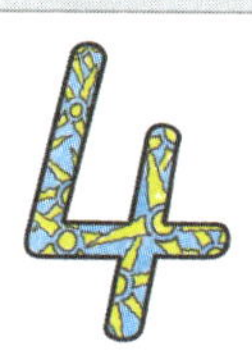

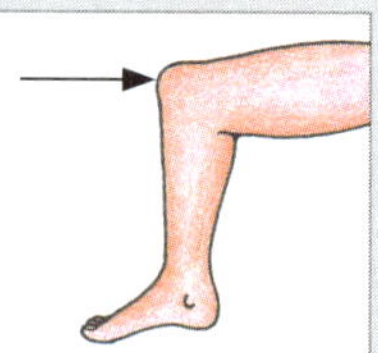

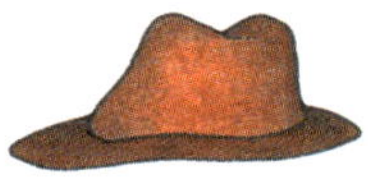

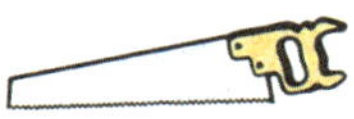

ie ie

ie ie

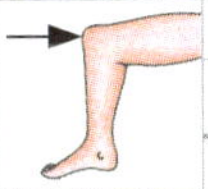 Knie Knie

 Brief Brief

 Liebe Liebe

 Biene Biene

| | |
|---|---|
| ☐ Ziel |  |
| ☐ Ziege | |
| ☐ Ziegel | |

| | |
|---|---|
| ☐ Dieb |  |
| ☐ Diele | |
| ☐ Biene | |

| | |
|---|---|
| ☐ Lied |  |
| ☐ Sieb | |
| ☐ Sieg | |

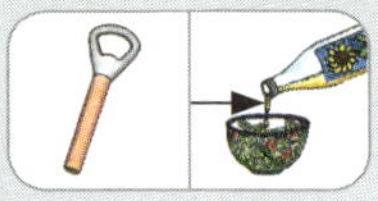

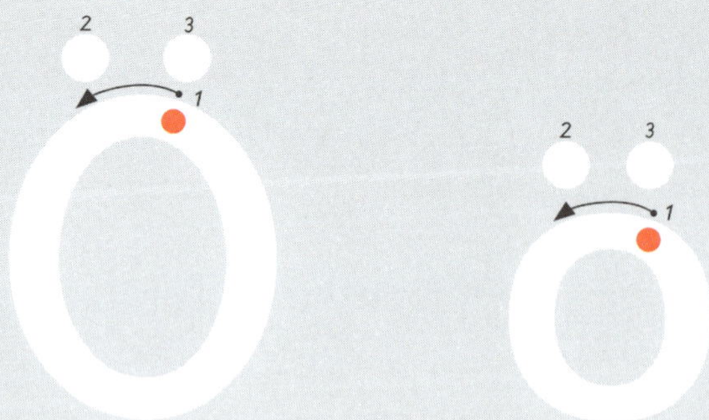


Öö

Ö Ö Ö

ö ö ö

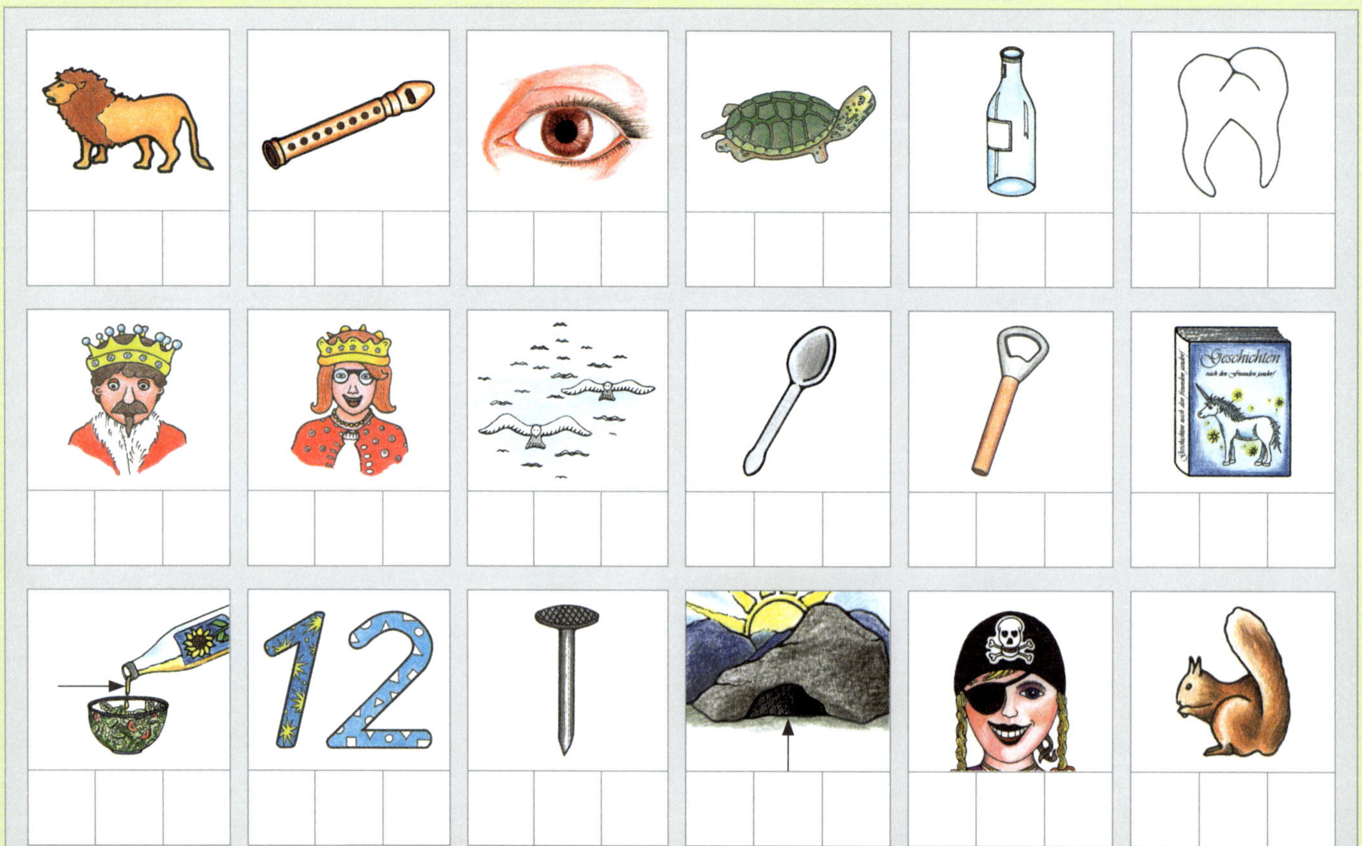


Ö ö Ö ö

Ö ö Ö ö

Öl Öl

Flöte Flöte

Löwe Löwe

Möwe Möwe

| | |
|---|---|
| ☐ Köln |  |
| ☐ König | |
| ☐ Kröte | |

| | |
|---|---|
| ☐ Föhn |  |
| ☐ Flöte | |
| ☐ Flöhe | |

| | |
|---|---|
| ☐ Hörer |  |
| ☐ Höhle | |
| ☐ Horde | |

2 3
1 Ü

2 3
1 ü

Üü

Ü Ü Ü

ü ü ü

Ü ü Ü ü

Ü ü

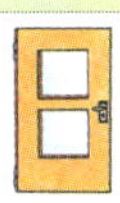 Tür

 Tüle

 Hüte

 Blüte

| | |
|---|---|
| ☐ | Küche |
| ☐ | Kübel |
| ☐ | Küken |

| | |
|---|---|
| ☐ | Müll |
| ☐ | Mühle |
| ☐ | Müsli |

| | |
|---|---|
| ☐ | Büro |
| ☐ | Bühne |
| ☐ | Bügel |

# St

# st

St st

St St St

st st st

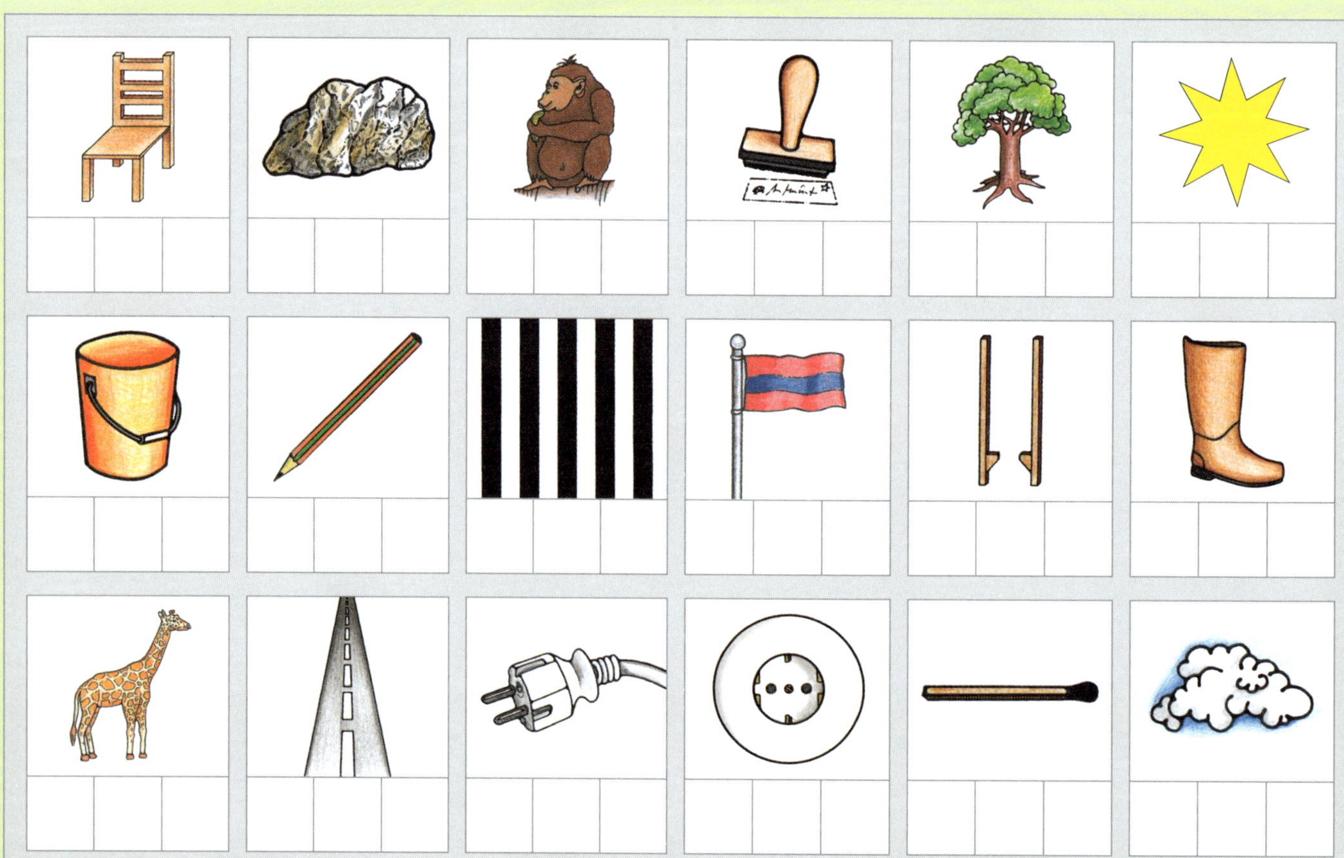

St st St st

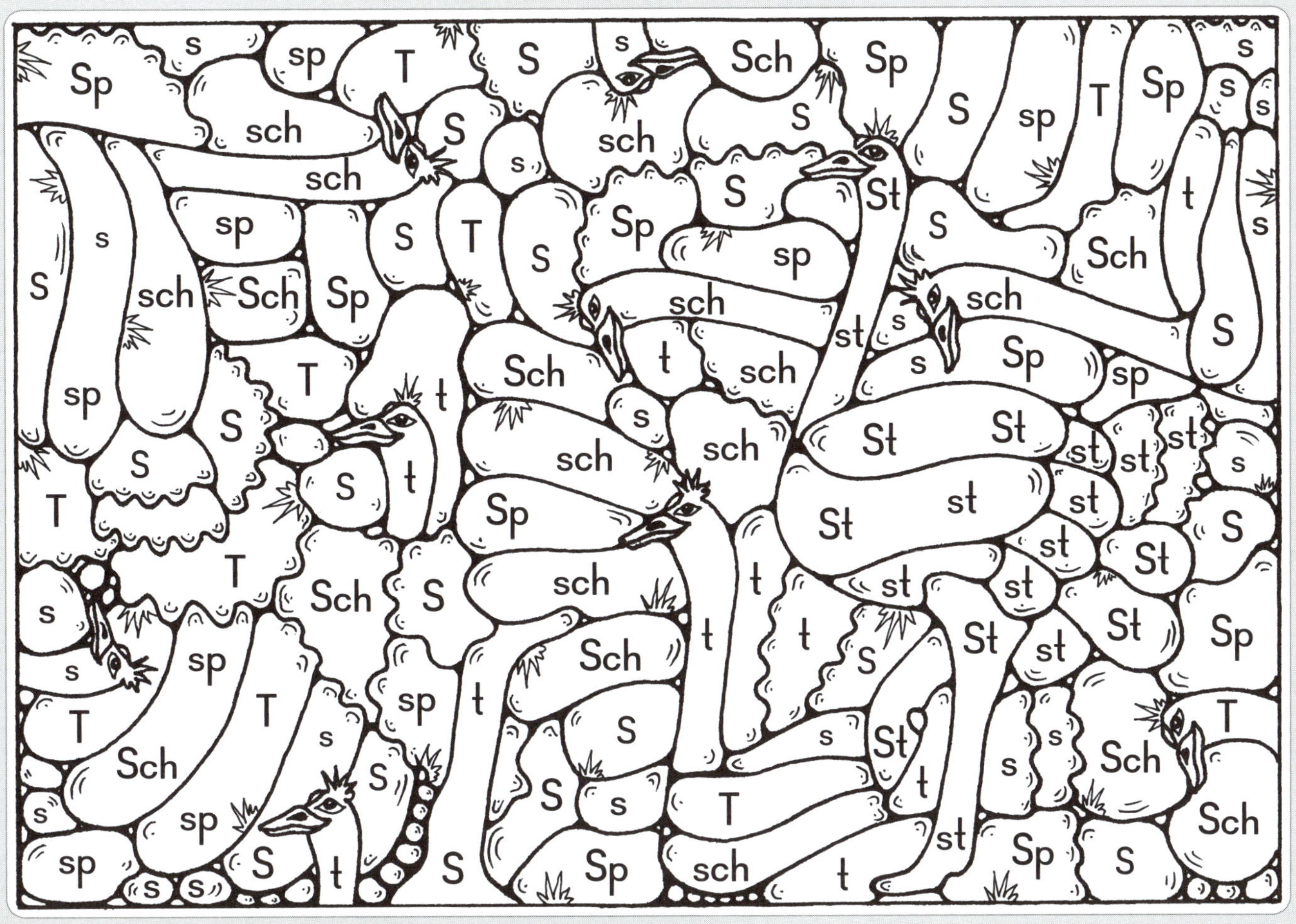


St st St st

 Stift Stift

 Stier Stier

 Stein Stein

 Stern Stern

| | | | | | |
|---|---|---|---|---|---|
| ☐ Stube |  | ☐ Stab | 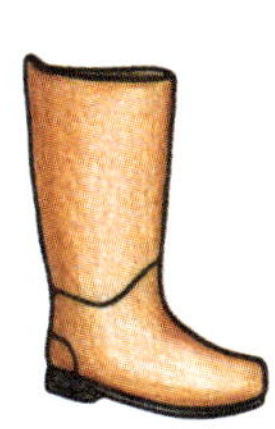 | ☐ Strom |  |
| ☐ Stufen | | ☐ Stiel | | ☐ Stuhl | |
| ☐ Staub | | ☐ Stiefel | | ☐ Sturm | |

# Pf pf

Pf pf

Pf Pf Pf

pf pf pf

  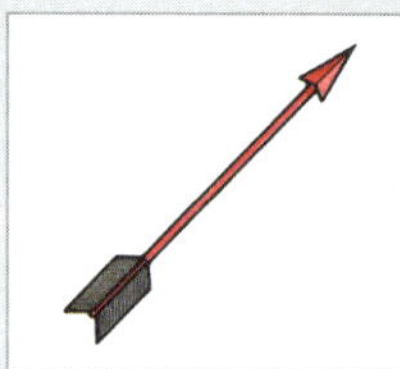   

 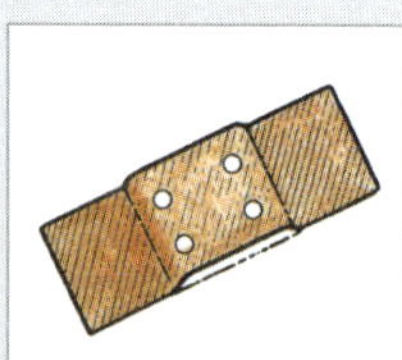 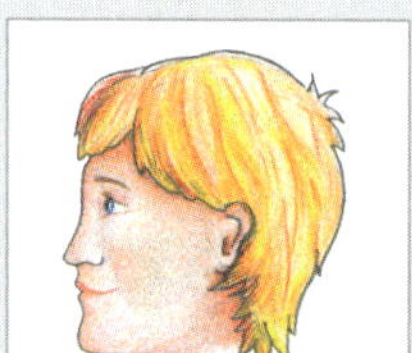 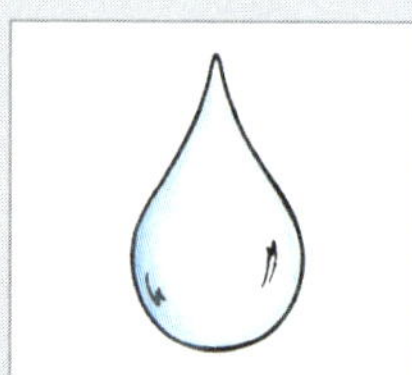  

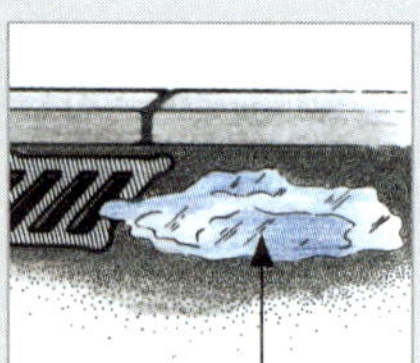     

Pf pf Pf pf

Pf pf Pf pf

 Pfeil Pfeil

 Pfau Pfau

 Kopf Kopf

 Zopf Zopf

- ☐ Pfote
- ☐ Pfeffer
- ☐ Pfeife

- ☐ Gipfel
- ☐ Töpfe
- ☐ Apfel

- ☐ Pfahl
- ☐ Pferd
- ☐ Pfand

Eu
eu

Eu eu

Eu Eu Eu

eu eu eu

Eu eu Eu eu

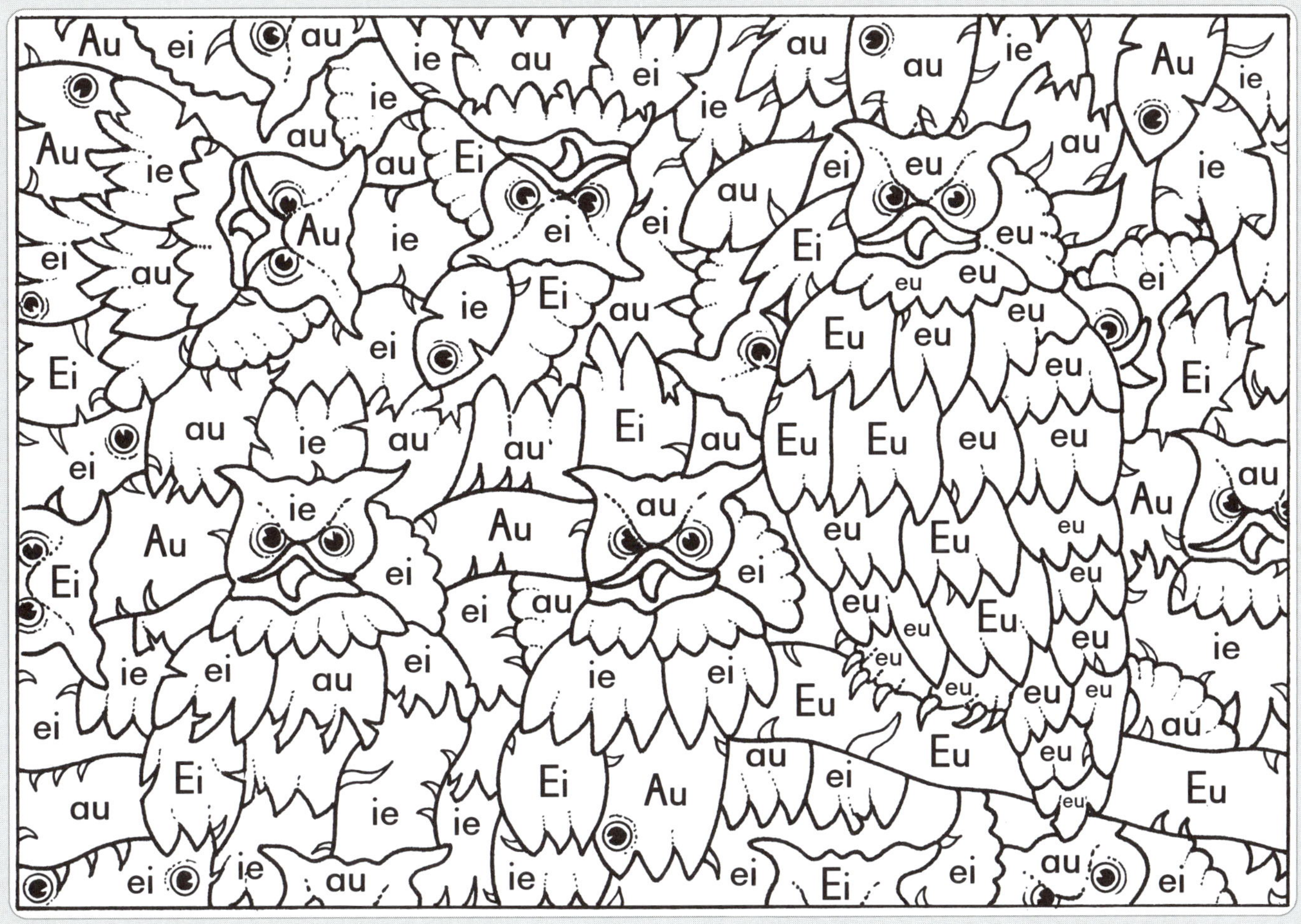

Eu eu

 Eule

 Euro

 Heu

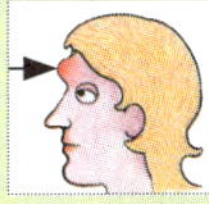 Beule

| | | | | | |
|---|---|---|---|---|---|
| ☐ Eule | 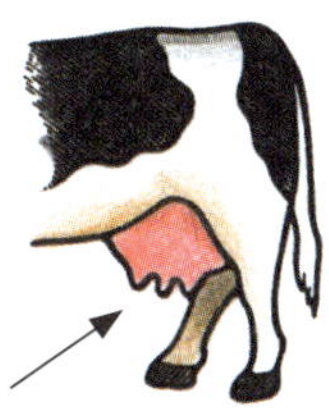 | ☐ Streu |  | ☐ Teufel |  |
| ☐ Euter | | ☐ Beule | | ☐ Meute | |
| ☐ Eugen | | ☐ Keule | | ☐ Feuer | |

# ng

ng

ng ng ng

ng ng

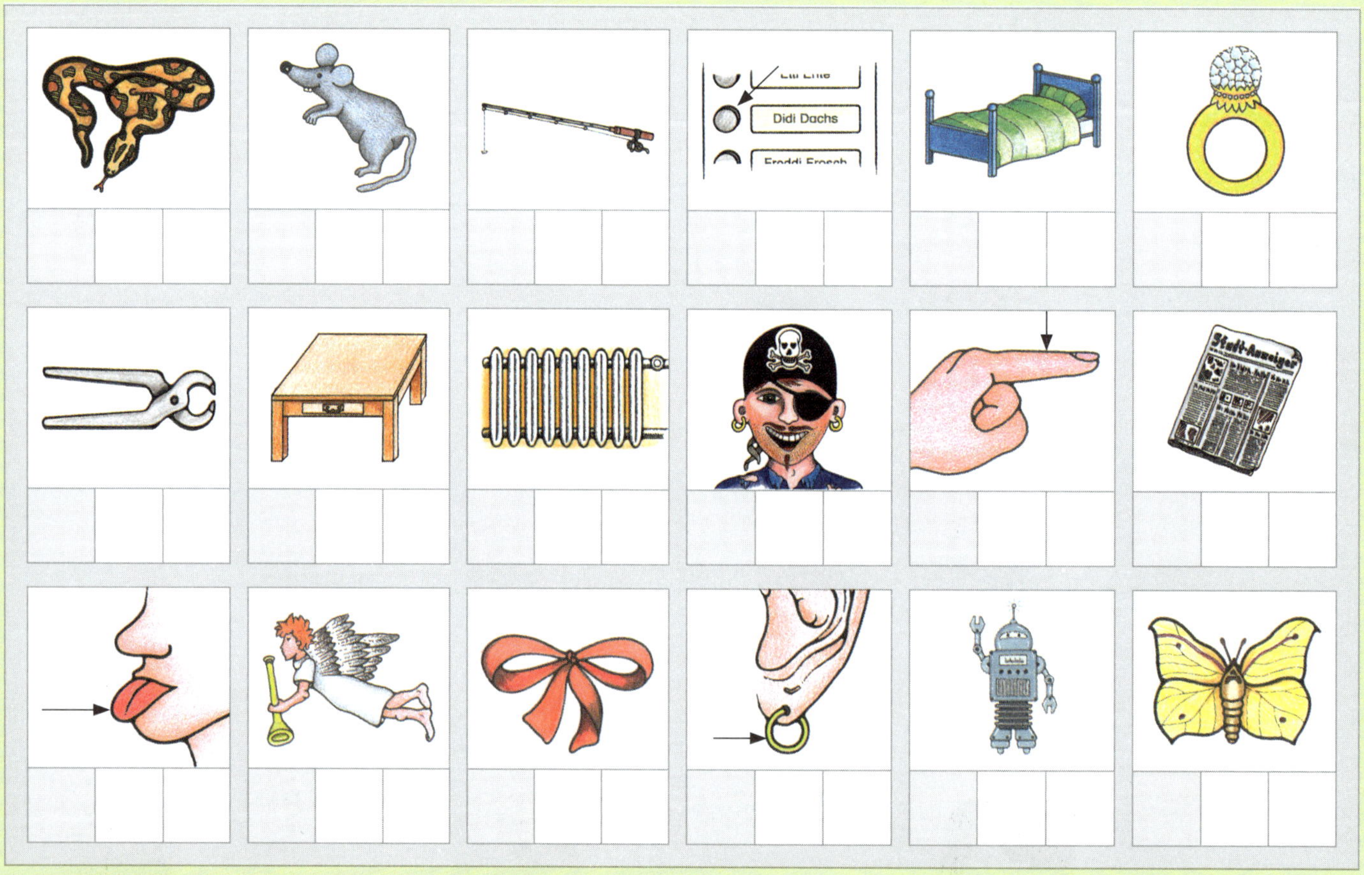


ng ng

sch nk ie st sch au ch eu sp pf eu sch ch ie sch st ch
sp ie ch ch st ie pf pf ie ei ie ie sch st eu sp
ie nk nk au sch st sp ch sp nk sch pf st ei
sp sch st eu sch sp ei ch nk ch sch pf
sp st nk pf ch st ie st nk ie sch ie pf sch
sch sch ch ei pf ng ng ng ei ng ng ng ng pf nk
st ch au sch nk nk sp ng pf ng ng pf ng st pf
pf ng ng ng sp
ie nk ch eu ei ng sch ng ie ng ng ng nk
st ei
pf sch ch ei au eu sch nk ie ie pf pf eu ng sch nk
ei ie eu sch pf pf ch nk sch ng sch ng nk ie au
au ch ng ng ng
eu ch pf nk sp ch sch ch ch st sch ie sp sp ie ei
pf st sch st sch nk pf eu sp ch sp sch st pf st

ng ng

Ring Ring

Engel Engel

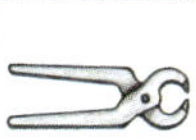
Zange Zange

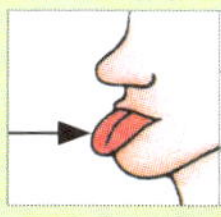
Zunge Zunge

| | | | | | |
|---|---|---|---|---|---|
| ☐ Lunge | 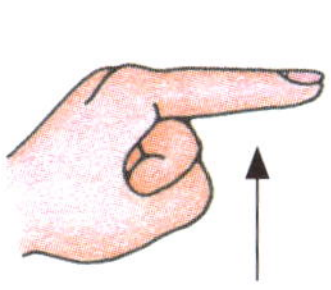 | ☐ Angst | 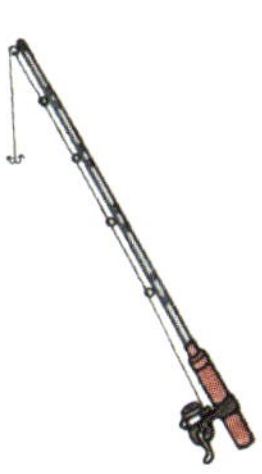 | ☐ fangen |  |
| ☐ Finger | | ☐ Angel | | ☐ singen | |
| ☐ Engel | | ☐ Junge | | ☐ ringen | |

Sp sp

Sp sp

Sp Sp Sp

sp sp sp

Sp sp Sp sp

Sp sp

 Spur

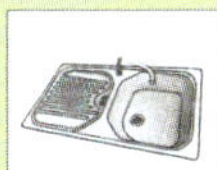 Spüle

 Spinne

 Spaten

| | |
|---|---|
| ☐ Spuk<br>☐ Spiel<br>☐ Speer | 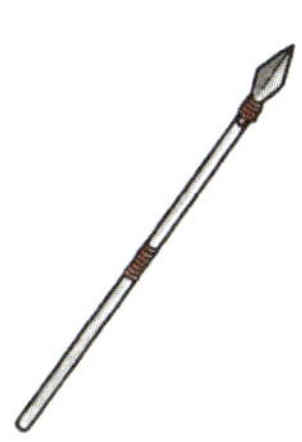 |

| | |
|---|---|
| ☐ Spitze<br>☐ Spüle<br>☐ Spur |  |

| | |
|---|---|
| ☐ Spaten<br>☐ Specht<br>☐ Spende | 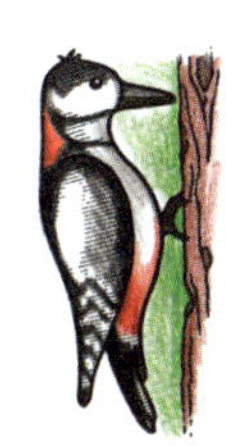 |

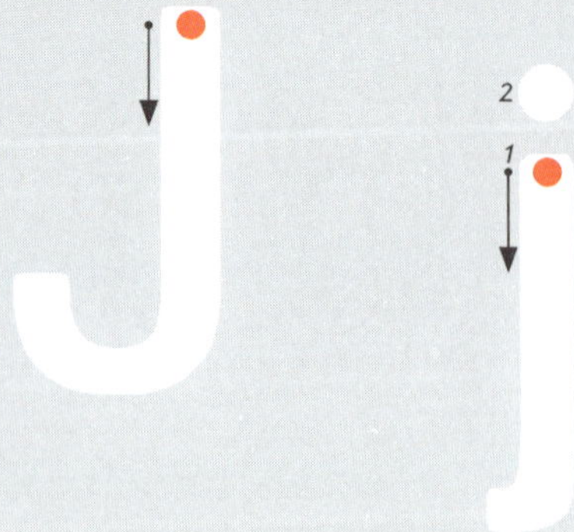


Jj

J j J j

 Juli Juli

 Jan Jan

 Jana Jana

 Jo-Jo Jo-Jo

| | | | | | |
|---|---|---|---|---|---|
| ☐ Juli |  | ☐ Juni | Monat | ☐ Boje |  |
| ☐ Jahr | | ☐ Judo | | ☐ Josef | |
| ☐ Junge | | ☐ Japan | | ☐ Jo-Jo | |

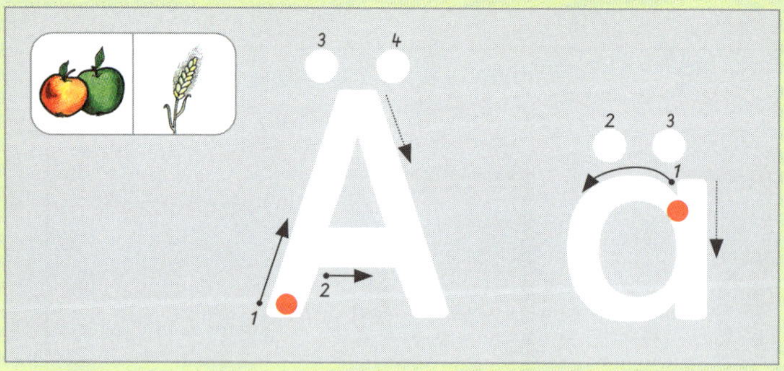


Ä Ä

ä ä

Ä ä Ä ä

 Äpfel Äpfel

 Äste Äste

 Bär Bär

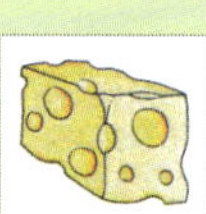 Käse Käse

Qu Qu

qu qu

Qu qu Qu qu

 Qualle Qualle

 Quelle Quelle

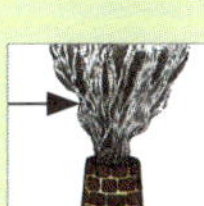 Qualm Qualm

 Quark Quark

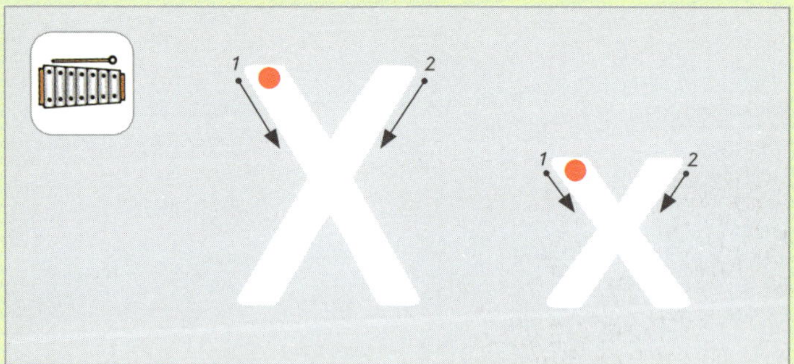

X X

x x

Xx Xx

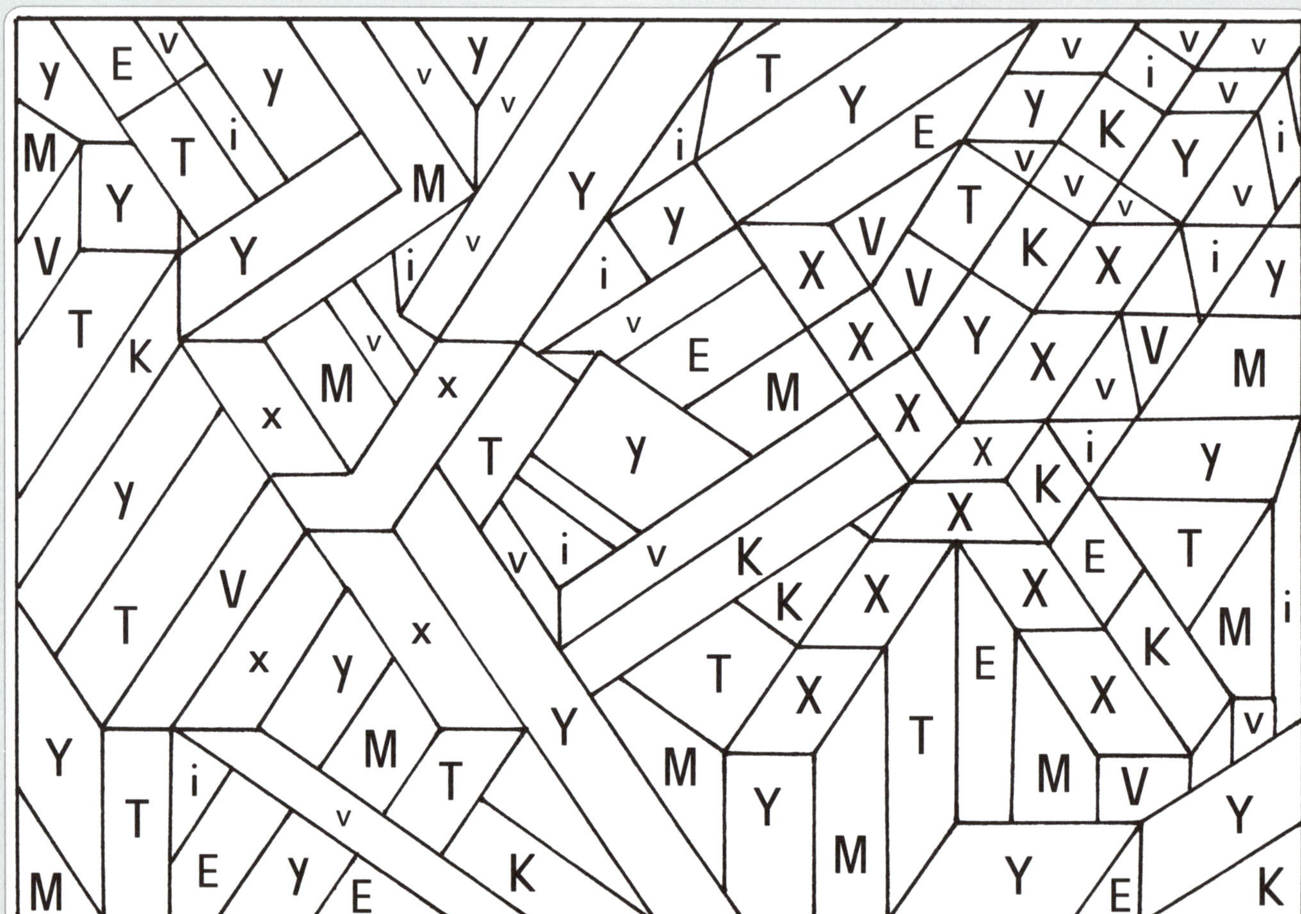

Axt Axt

Hexe Hexe

Mixer Mixer

Boxer Boxer

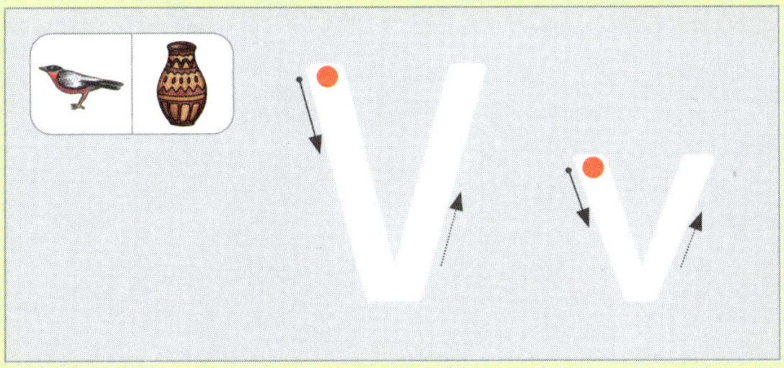


V V

v v

V v V v

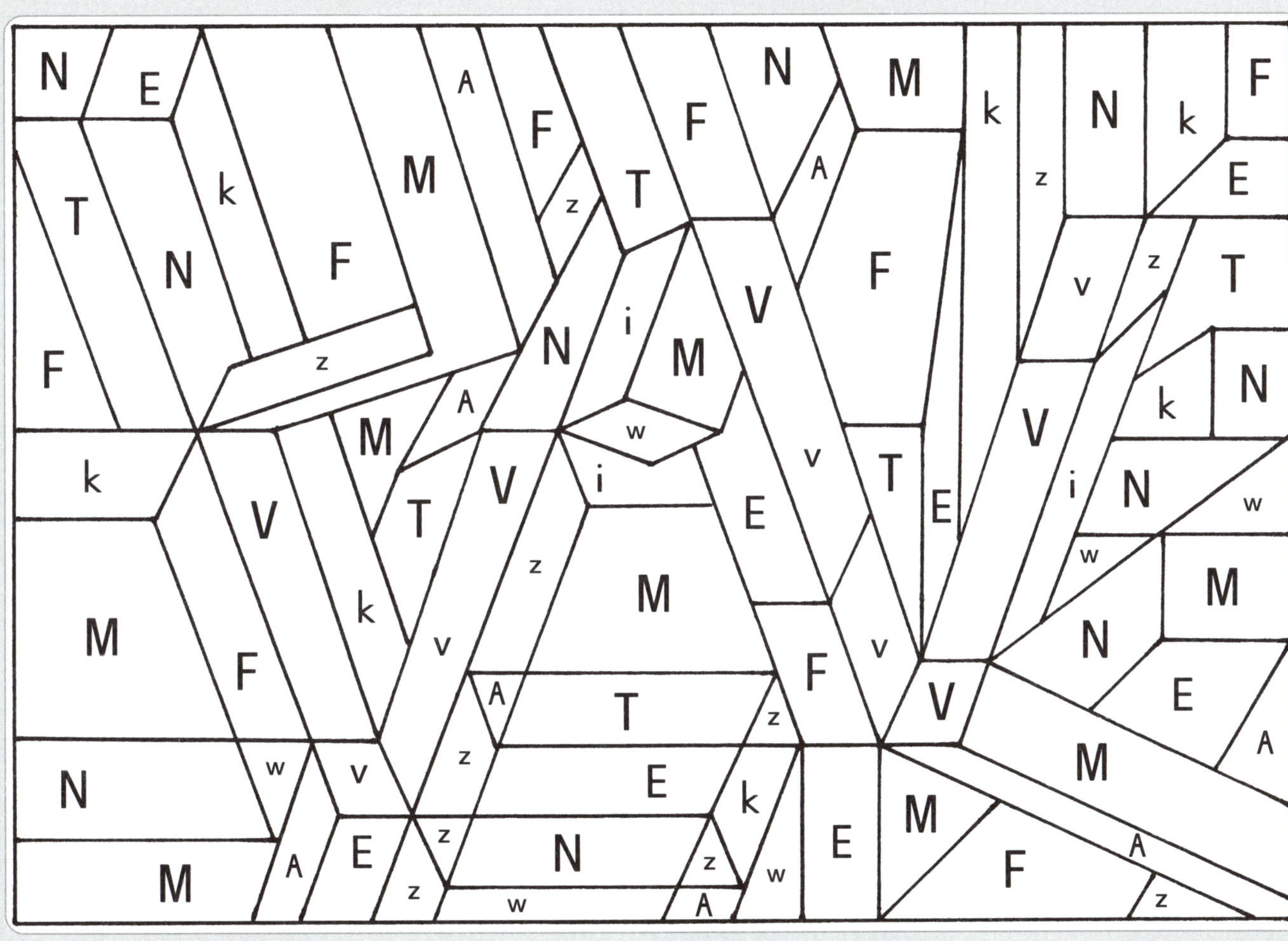

Vogel Vogel

Vater Vater

Vase Vase

Kurve Kurve

C c

C C

c c

Cc Cc

 Comic Comic

 Cent Cent

 Cola Cola

 Creme Creme

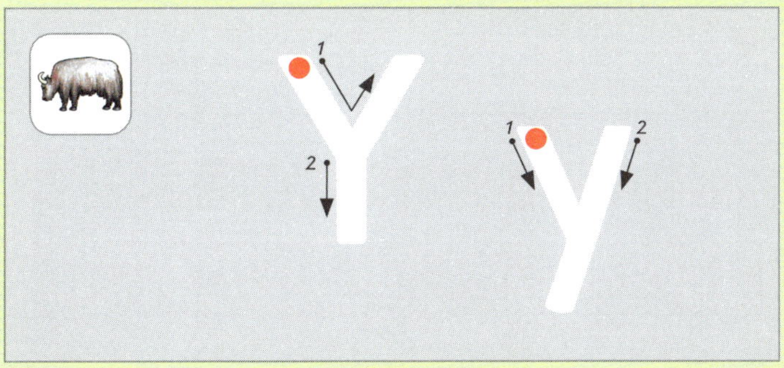

Y Y

y y

Yy Yy

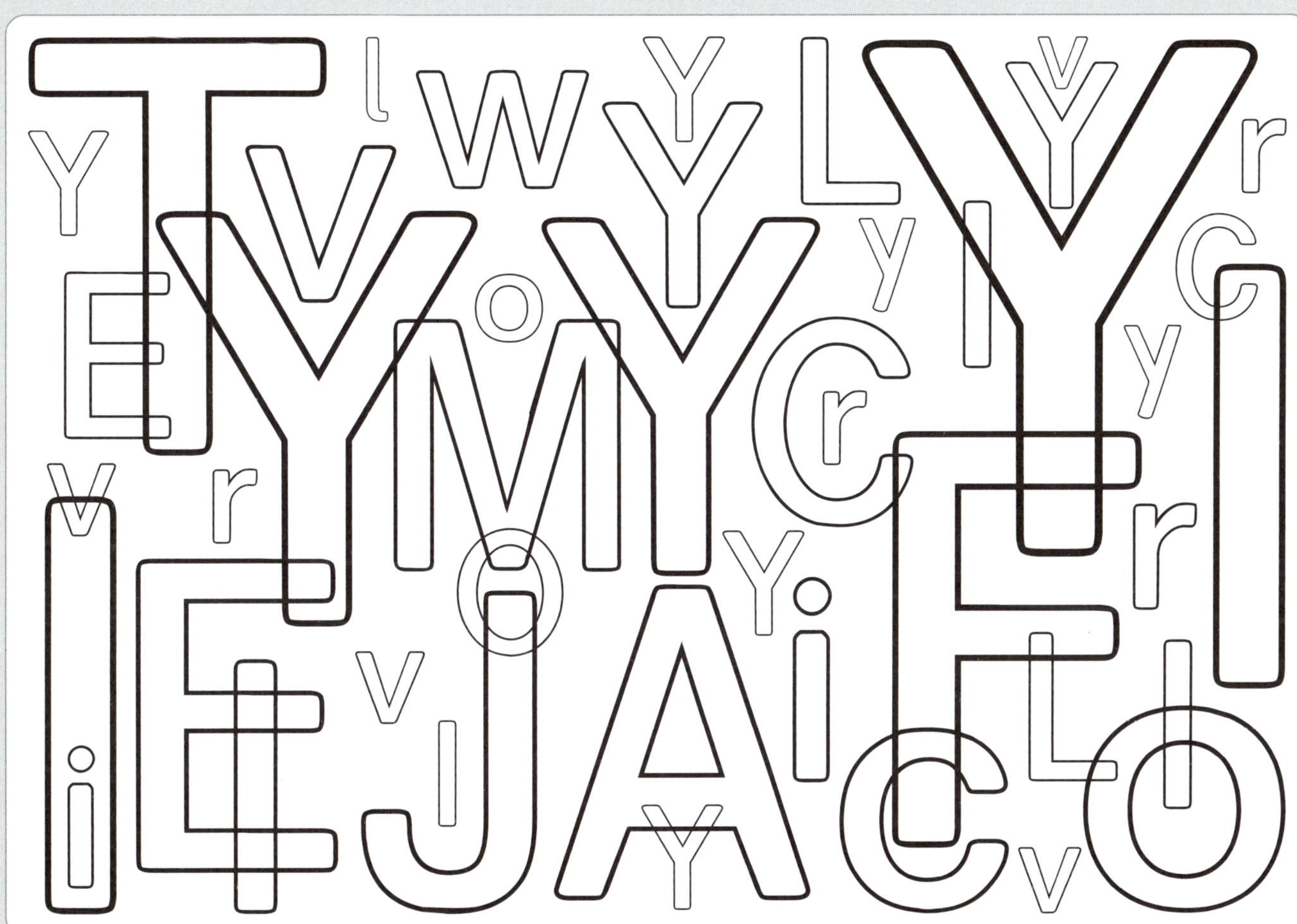

Yak Yak

Pony Pony

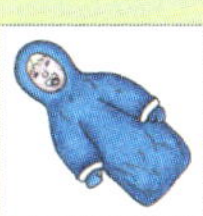
Baby Baby

Teddy Teddy

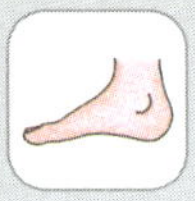

ß

ß ß

ß ß

ß ß

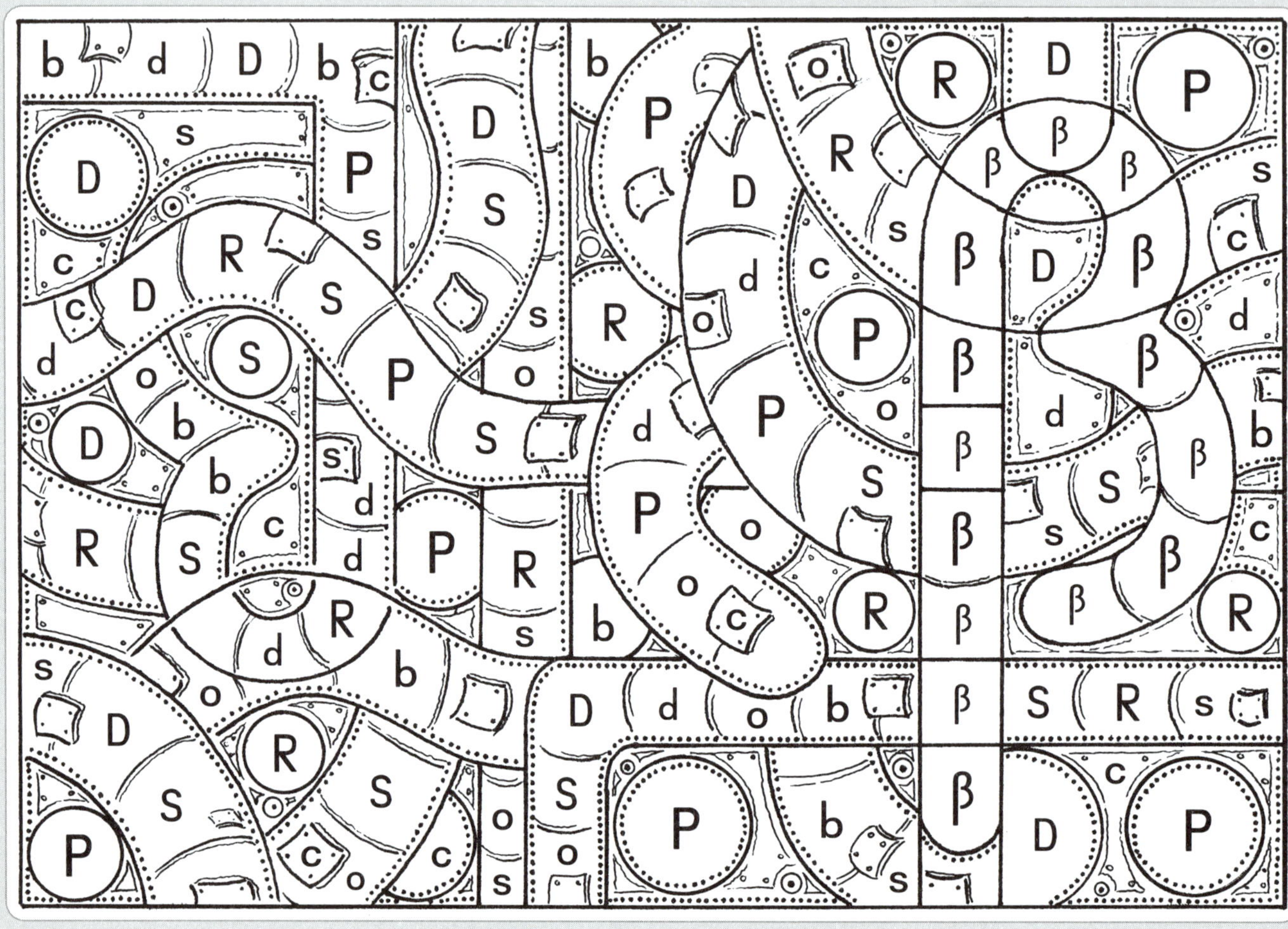

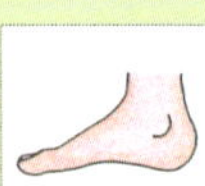 Fuß Fuß

 Floß Floß

 Strauß Strauß

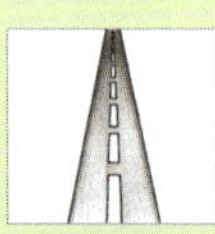 Straße Straße

chs

chs chs

chs chs

chs chs

 Fuchs Fuchs

 Dachs Dachs

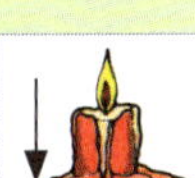 Wachs Wachs

6 sechs sechs

# fertig

Was siehst du? Male aus und kreuze an.

| | | | | |
|---|---|---|---|---|
| ☐ Wolke | ☐ Qualm | ☐ Äpfel | ☐ Teddy | ☐ Straße |
| ☐ Vase | ☐ Quatsch | ☐ Bär | ☐ Yak | ☐ Floß |
| ☐ vier | ☐ Mixer | ☐ Käse | ☐ Pony | ☐ Fuchs |
| ☐ Vogel | ☐ Axt | ☐ Cent | ☐ Baby | ☐ sechs |
| ☐ Qualle | ☐ Hexe | ☐ Comic | ☐ Fuß | ☐ Wachs |